超定番

12食材で おいしさ無限250レシピ

武蔵裕子

contents

卵

Part 2

12食材でサブおかず

1つの食材で！

または数種を組み合わせて！

contents

メリットや調理ポイントを解説

超定番 12食材で お料理スタート！

調理を始める前に、使用する食材や調味料、12食材cookingの利点についてご紹介！

12食材とは…「よく買う身近な定番品」

この本で使う食材は、右の12種のみ。どれも年間を通してスーパーで手軽に買えるものばかりです。近ごろはコンビニで買えるものも。すべて比較的安価で、家計にやさしい食材です。
こまめに買い物に行く、数日分をまとめ買いする、特売は少し多めに買う…と、いろいろな買い物の仕方があるでしょう。何種類の食材をどれぐらい買うかは、それぞれのライフスタイルに合わせてどうぞ。この本には、1食材だけで、または2つ、3つを組み合わせて作る250レシピを掲載。購入した食材をすべておいしく調理して、食べきることができるでしょう。

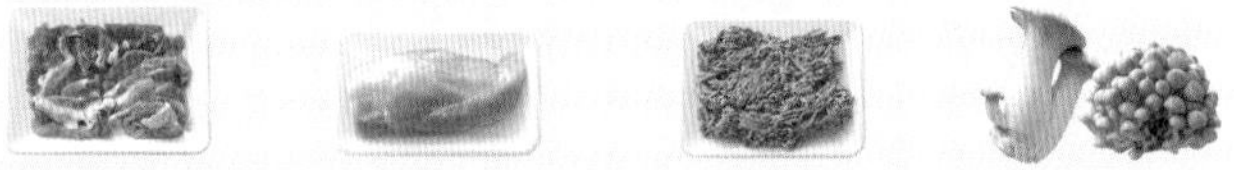

豚薄切り肉
（豚こま切れ肉・豚バラ薄切り肉）

鶏肉
（鶏むね肉・鶏もも肉・鶏手羽中）

ひき肉
（豚ひき肉・合いびき肉・鶏ひき肉）

きのこ
（しめじ・エリンギ・えのき・まいたけ）

トマト　ブロッコリー　キャベツ　にんじん

玉ねぎ　じゃがいも　もやし　卵

調味料は基本のものだけを使用

この本で使用している調味料や油、粉類も、下記の家庭によくある身近なものだけ。特別な調味料は使わないので、食材があればすぐに作れます。素材の味を引き立てる絶妙な味つけで、どの料理も何度も作って食べたいおいしさ。また、調理法もシンプルで、ほとんどのメニューが5～15分程度でできるぐらいの簡単さです。

＜調味料＞・塩　・砂糖　・こしょう　・粗びき黒こしょう　・しょうゆ　・みそ　・酢　・ポン酢しょうゆ　・めんつゆ　・白だし　・中濃ソース　・ウスターソース　・ケチャップ　・マヨネーズ　・オイスターソース　・焼肉のたれ　・顆粒鶏がらスープの素　・顆粒スープの素　・顆粒だしの素　・豆板醤　・コチュジャン　・ラー油　・一味唐辛子　・七味唐辛子　・ゆかり　・レモン汁　・粉チーズ　・ゆずこしょう　・おろししょうが＆おろしにんにく（チューブ）　・カレー粉　・粒マスタード　・ナンプラーなど
＜油脂類・粉類など＞・サラダ油　・ごま油　・オリーブオイル　・バター　・薄力粉　・片栗粉　・パン粉

あると便利な常備食材

乾物や缶詰など、日持ちのする食材は常備しておくと、料理においしさや栄養をプラスできます。また、乳製品や大豆食品、漬け物なども冷蔵庫にあると、便利です。下記は、この本のレシピでも使用している、おすすめの常備食材です。

・乾物（ごま、春雨、乾燥わかめ、切り干し大根、塩昆布）
・乳製品（牛乳、ピザ用チーズ、プレーンヨーグルト（無糖））
・缶詰（トマト缶、ツナ缶）
・その他（納豆、キムチ、梅干し、木綿＆絹ごし豆腐、豆乳（無調整）、水煮大豆、ミックスビーンズなど）

超定番12食材cookingはココが嬉しい！

「使う食材は、身近な定番12種だけ」。実はこの点に、日ごろ調理や食事に対して悩みを抱えている人たちを救う、嬉しいメリットが詰まっています！

そこで、この本を活用することで、どんな利点があるのか、ご紹介しましょう。毎日の食事の支度がラクになる12食材cooking、ぜひ始めてみてください。

買い物で悩まない

今日の晩ごはんの献立が決まらない、ネットスーパーで数日分の食材まとめ買いをしたいけど、何を買っていいかわからない。そんなときはとりあえず、12食材中、そのときに「食べたい！」とか「安い！」などの食材をいくつか買っちゃいましょう。あとの調理はこの本にお任せあれ！

食材ロスなし

この本には、例えば玉ねぎ1個だけで作れる副菜や、にんじん1/2本だけで作れるスープなど、ハンパ食材で作れるレシピが満載。残り食材の使いみちに困ったときはこの本を！　捨てることなく全部おいしく食べきれます。

時短OK！

12食材から選べばいいので、買い物で悩む時間がカット。この本には主菜、副菜、汁もの、ご飯もの・麺のレシピがそろっているので、献立決めもサクサクッと。しかも、ほとんどの料理が5〜15分で作れる簡単さ！

節約できる

12食材はどれも1年を通して比較的安価。そして、この本を活用すれば、食材を捨てることなく食べきれて、無駄を出さずにすみます。料理を作る時間がない・面倒…、そんなときはササッと作れる超簡単メニューを。外食代も節約できます。

メニュー豊富で飽きない

この本には、12食材から2〜3品をさまざまに組み合わせて作るレシピや、1食材だけで作れるメニューがたくさん！
和洋中韓など料理のジャンルも多種多様。毎日同じ食材を使ったとしても、飽きないおいしさが詰まっています。

肉も野菜も摂れてヘルシー

この本で紹介する主菜は、豚肉・鶏肉・ひき肉・卵のたんぱく質食材に、野菜を1〜2種程度を加えて作るレシピ。1品でたんぱく質もビタミンもしっかり摂れます。野菜の副菜や汁ものを添えるとヘルシー献立に！

超定番12食材cookingのおいしいコツ

「レパートリーが少ないから、いつも作るのは炒めものばかり」そんな人にこそ伝えたい“おいしいコツ”が、この本にはたくさん！　例えば、同じ炒めものを作るとしても、調味料をちょっと工夫するだけで、今まで知らなかった味になったり。または、野菜の切り方1つで、食感や味わいが変わったり。ぜひいろいろなレシピを作ってみてください！

❶ 食材の切り方で味わいが変わる！

例えば、安売りの玉ねぎを多めに買ったはいいものの、「毎日、玉ねぎ料理は飽きそう」「食べきれるかな？」と不安に思う人もいるかも。でも、大きく4等分に切って煮れば、食べごたえのある副菜になるし、細切りにして肉などと炒め合わせれば、料理に甘みをプラスするいい脇役に。食材の持つさまざまなおいしさを楽しんでください。

❷ 調味料の組み合わせでおいしさ無限大

身近な定番調味料も、別の調味料や油などと組み合わせることで、新しいおいしさが生まれます。例えば、マヨネーズ＋ゆずこしょう、バター＋レモン汁、ポン酢しょうゆ＋ごま油、塩昆布＋オリーブオイル…などなど。この本には、食材のおいしさを引き出す味つけの工夫が盛りだくさん！　同じ食材を使った料理でも、新鮮なおいしさに出会えます。

調理の前に

この本の見方

■ Part 1「メインおかず」、Part 2「サブおかず」、Part 3「汁もの」、Part 4「ご飯もの・麺」すべてのパートで、
レシピは主食材ごとに並んでいます。使いたい食材からレシピを探すのに便利。
各ページ上部の、使用食材を示したインデックスも、レシピ検索にお役立てください。

■ 巻末には、食材別にレシピを探せるさくいんもつけました。ぜひご参考に！

■ 料理名下やレシピ文末にあるマークについて。

 ＝フライパン（卵焼き器）

 ＝鍋

 ＝電子レンジ（オーブントースター）

（使用調理器具を示しています）

超時短 約10Min / 時短 約15Min ＝調理時間は表示分数以内（時間は目安です）

約2～3日間 冷蔵保存可 ＝おいしく食べられる、冷蔵室での保存日数の目安

POINT ＝調理のポイントや、おいしく仕上げるコツなど

●小さじ1＝5cc、大さじ1＝15cc、1カップ＝200ccです。
●野菜類はとくに表記の無い場合、洗う、皮をむくなどの作業をすませてからの手順を記載しています。
●フライパンはフッ素樹脂加工のものを使用しています。
●白だしは商品によって塩分が違うので、味を見ながら塩分の量を加減してください。
●電子レンジの加熱時間は、600Wの場合の目安です。電子レンジ使用レシピの食材にはグラム数を記載していますので、食材の分量と加熱時間は、レシピ通りに作りましょう。ただし、電子レンジの機種や庫内の状態によって、加熱具合が変わる場合があります。加熱時間は様子を見ながら加減してください。
●電子レンジで加熱後、食材に火が通っていない場合は、10秒ずつ加熱をして様子を見ながら火を通してください。
●電子レンジ加熱後、器が熱い場合があるので、やけどに注意を。容器にラップをかける際は、加熱時の破裂を避けるために、容器の対角の2か所にすき間をあけてふんわりと覆うように「ふんわりラップ」を守ってください。

Part 1

12食材で
メインおかず

肉や卵1品に
1～2品プラス！

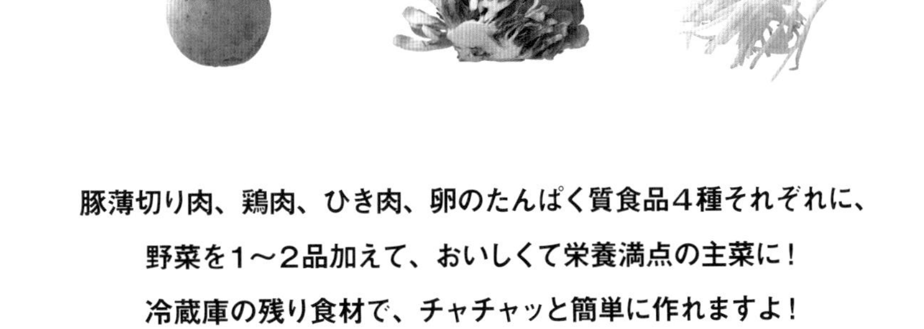

豚薄切り肉、鶏肉、ひき肉、卵のたんぱく質食品４種それぞれに、
野菜を１～２品加えて、おいしくて栄養満点の主菜に！
冷蔵庫の残り食材で、チャチャッと簡単に作れますよ！

豚薄切り肉

豚こま・バラ薄切りで ササッとめちゃうま！

炒めたトマトの甘みと
ピリ辛だれがマッチ！

豚トマ チリソース

超時短 約10Min

材料（2人分）

豚こま切れ肉……………………**200g**
トマト……………………………**中2個**
サラダ油……………………大さじ1
おろししょうが（チューブ）·5cm分
A
- 水…………………………1/3カップ
- トマトケチャップ……………大さじ2と1/2
- 砂糖………………………大さじ1/2
- 顆粒鶏がらスープの素・片栗粉…………各小さじ1/2
- 豆板醤…………小さじ1/3〜1/2

ごま油…………………………小さじ1/2

作り方

1 Aは混ぜ合わせる。トマトはひと口大のざく切りにする。

2 フライパンにサラダ油を中火で熱し、しょうがを軽く炒めて豚肉を入れて炒め、色がほぼ変わったらトマトも加えて炒め合わせる。

3 Aをもう一度混ぜてから加え、強めの中火で1〜2分煮る。ごま油を回し入れ、サッと混ぜて火を止める。

＼家にある調味料で味つけOK！／

カリカリ豚肉にフレッシュトマトがさわやか

豚竜田トマトだれ

材料（2人分）

- **豚こま切れ肉**……200g
- **トマト**……大1個
- サラダ油……大さじ3～4
- 片栗粉……大さじ3
- A しょうゆ……大さじ1と½
- A 酒……大さじ1
- B ごま油……大さじ½
- B しょうゆ……小さじ1
- B 砂糖……小さじ½
- B おろししょうが（チューブ）……5cm分

作り方

1 ポリ袋にAと豚肉を入れてもみ、10分ほどおいて下味をつける。トマトは小さめのざく切りにする。

2 1のポリ袋に片栗粉を加えてしっかりまぶす。フライパンに油を入れ、豚肉をほぐしながら表面がカリッとするまで揚げ焼きにし、油をきる。トマトとBを混ぜ合わせ、豚肉にかける。

トマトのうま味たっぷり！ 辛酸っぱスープ煮

豚肉とトマトのサンラータン煮

超時短 約10Min ｜ 約2日間 冷蔵保存可

材料（2人分）

豚バラ薄切り肉	**150g**
トマト	**大1個**
もやし	1/2袋
春雨（ショートタイプ）	40g
サラダ油	大さじ1/2
水	1カップ
顆粒鶏がらスープの素	小さじ1
A 酒・しょうゆ	各大さじ1/2
A 塩	小さじ2/3
A こしょう	少々
酢	大さじ1
ラー油	小さじ1/2〜1

作り方

1 豚肉は3cm幅に切る。トマトはひと口大のざく切りにする。

2 フライパンに油を中火で熱し、豚肉を色が変わるまで炒める。もやしを加えて炒め合わせ、水、顆粒鶏がらスープの素を加える。煮立ったらAを加え、春雨、トマトを加えて弱めの中火で3〜4分煮る。火を止めて、酢を加えて混ぜ、好みでラー油をかける。

POINT 酸味が飛ばないように、酢は火を止めてから入れて。

レンチンで簡単！ ご飯にもパンにも合う

豚こまトリッパ風

時短 約15Min　約2日間 冷蔵保存可

材料（2人分）

- **豚こま切れ肉……200g**
- **トマト……大1個（約200g）**
- 玉ねぎ……1/2個（100g）
- 塩・こしょう……各適量
- 薄力粉……大さじ1
- おろしにんにく（チューブ）……4〜5cm分
- A
  - 顆粒スープの素……小さじ1
  - 砂糖・塩……各小さじ1/3
- オリーブオイル……大さじ1

作り方

1. 豚肉は食べやすく切り、塩、こしょうをやや強めにふってにんにくをもみ込み、薄力粉ももみ込む。玉ねぎは粗みじん切りにする。
2. トマトは小さめのざく切りにし、耐熱ボウルに入れてAを混ぜ、玉ねぎと豚肉を加えて混ぜる。
3. ふんわりとラップをかけて電子レンジ（600W）で7分加熱する。とり出して一度混ぜ、再びラップをかけて3分ほどおく。オリーブオイルをかけて混ぜる。

POINT▶電子レンジ加熱後、豚肉に火が通っていない場合は、10秒ずつ加熱を。

オリーブオイルでイタリアン風炒めもの

豚トマトのチーズだれ炒め

超時短 約10Min

材料（2人分）

- **豚バラ薄切り肉……150g**
- **トマト……中2個**
- オリーブオイル……大さじ1/2
- A
  - 粉チーズ……大さじ2
  - 酒……大さじ1
  - 塩……小さじ1/4
  - 粗びき黒こしょう……少々

作り方

1. 豚肉は3cm幅に切る。トマトは8等分のくし形切りにする。Aは混ぜ合わせる。
2. フライパンにオリーブオイルを熱し、色が変わるまで肉を炒めたら、トマトを加えてサッと炒め、Aを加えて手早く炒め合わせる。

ブロッコリーは蒸し焼きに。
フライパン1つで完成

豚肉とブロッコリーのふんわり卵炒め

超時短 約10Min

材料（2人分）

豚こま切れ肉……120g
ブロッコリー……小1株
卵……2個
サラダ油……大さじ1
水……大さじ1〜2
塩・こしょう……各適量
A［マヨネーズ……大さじ2
　トマトケチャップ……大さじ1/2

作り方

1 豚肉は食べやすく切る。ブロッコリーは小房に分ける。卵はよく溶き、塩、こしょうを入れて混ぜる。Aは混ぜ合わせる。

2 フライパンに半量の油を中火で熱し、1の卵液を一気に入れて軽く混ぜ、ふんわりしたらすぐにとり出す。続いて残りの油を足し、豚肉を2分炒めたら、ブロッコリーも加えて炒め合わせ、水をふってふたをして、2〜3分蒸し焼きにする。Aを加えて混ぜ、卵を戻し入れ、サッと炒め合わせる。

＼マヨケチャ味がめちゃうま！／

豚肉と白だしのうま味がしみた野菜が美味

豚巻きブロッコリーの白だし蒸し

時短 約15Min　約2日間 冷蔵保存可

材料（2人分）

豚バラ薄切り肉……………………………**100g**
ブロッコリー…………………………………**8房**
じゃがいも……………………中1個（約120g）
A［ 白だし・酒……………………… 各大さじ1
オリーブオイル……………………………大さじ1

POINT 肉やじゃがいもの火の通りが甘いときは、様子を見ながら10秒ずつ加熱を。

作り方

1 ブロッコリーの小房1個ずつに、豚肉1/8量をくるくると巻きつける。じゃがいもは皮をむいて7～8㎜厚さのいちょう切りにし、水にさらして水けをきる。

2 耐熱皿にじゃがいもを均等に並べ、豚肉を巻いたブロッコリーをのせてAを回しかける。ラップをふんわりとかけて電子レンジ（600W）で6分30秒加熱する。とり出してオリーブオイルをかける。

ご飯がすすむ中華風の味つけです

豚肉とブロッコリーのオイスターとろみ炒め

超時短 約10Min

材料（2人分）

豚こま切れ肉……150g
ブロッコリー……小1株
サラダ油……大さじ1/2
水……大さじ2

A
- 水……1/4カップ
- オイスターソース……大さじ1
- しょうゆ……小さじ1
- 片栗粉……小さじ2/3
- ごま油……小さじ1/2
- 顆粒鶏がらスープの素……小さじ1/3

作り方

1 ブロッコリーは小房に分けて、さらに小さめに切る。茎は皮を厚めにむいて食べやすく切る。Aは混ぜ合わせる。

2 フライパンに油を中火で熱し、豚肉を色が変わるまで炒めたら、ブロッコリーを加えて少ししんなりするまで炒め合わせる。水を回し入れてふたをし、2〜3分、弱火で蒸し焼きにする。

3 Aをもう一度混ぜてから加え、とろみが出るまで炒め合わせる。

まろやかミルク煮にごまをたっぷり

豚とブロッコリーのセサミクリーム煮

時短 約15Min　約1～2日間 冷蔵保存可

材料（2人分）

豚こま切れ肉……150g
ブロッコリー……小1株
玉ねぎ……1/2個
サラダ油……大さじ1
薄力粉……大さじ2
顆粒スープの素……小さじ1/2
水……1と1/2カップ
牛乳……1/2カップ
白すりごま……大さじ1と1/2
塩……少々

作り方

1 ブロッコリーは小房に分ける。玉ねぎはくし形切りにする。豚肉は食べやすく切る。

2 フライパンに油を中火で熱し、玉ねぎと豚肉を炒める。玉ねぎが透き通り肉の色が変わったら、薄力粉をふり入れて粉っぽさがなくなるまで、焦がさないように炒める。

3 水と顆粒スープの素を入れてひと混ぜする。ブロッコリーを加えてふたをして、途中でブロッコリーの上下を返しながら弱火で3分ほど煮る。牛乳と白すりごまを加えて混ぜ、さらに1分ほど煮て、塩で味を調える。

材料を一気にレンチンしたら、あえるだけ！

豚肉とブロッコリーのわさびのりだれ

超時短 約10Min　約1～2日間 冷蔵保存可

材料（2人分）

豚こま切れ肉……100g
ブロッコリー……小1/2株（約120g）
にんじん……中1/3本（約50g）
酒……大さじ1/2
A
焼きのり（全形／小さくちぎる）……1/2枚分
煮切りみりん※……大さじ1
しょうゆ……大さじ1
練りわさび（チューブ）……2cm分

※「煮切りみりん」の作り方：小さい耐熱容器にみりんを入れ、ラップをせずに電子レンジ（600W）で10秒加熱する。

作り方

1 ブロッコリーは小さめの小房に分ける。にんじんはいちょう切りにする。豚肉は食べやすく切り、酒をもみ込む。

2 耐熱ボウルに1を均等に入れ、ふんわりとラップをかけて電子レンジ（600W）で4分30秒加熱する。とり出してそのまま冷まし、粗熱がとれたらAを加えてよくあえる。

市販のたれで
チャチャッと味つけ！

塩もみキャベツの焼き肉のっけ

超時短 約10Min

材料（2人分）

豚こま切れ肉……………………**200g**
キャベツの葉…………………**大3枚**
サラダ油……………………大さじ½
塩 ……………………………小さじ⅓
焼き肉のたれ ………………………適量

作り方

1 キャベツは5㎜幅のせん切りにし、塩をふって少しおいてよくもみ、水けを軽く絞る。豚肉は食べやすく切る。

2 フライパンに油を中火で熱し、豚肉を炒める。色が完全に変わったら、焼き肉のたれを加えてからめる。

3 器に1のキャベツを盛り、2をのせる。

＼脇役のキャベツがいい仕事してる！／

薄切り肉をくるくる巻いて、肉感アップ！

ロール豚ホイコーロー

超時短 約10Min

材料（2人分）

豚バラ薄切り肉……150g
キャベツの葉……大4枚
サラダ油……小さじ1
A 砂糖・しょうゆ……各大さじ1
A 酒・みそ……各大さじ1/2
A 豆板醤……小さじ1/3～1/2

作り方

1 豚肉は1枚ずつ端からくるくると巻く。キャベツは固いところを除いて、ざく切りにする。Aは混ぜ合わせる。

2 フライパンに油を中火で熱し、豚肉の巻き終わりをしっかり焼きつけてから、キャベツを加えて炒める。キャベツがややしんなりしたらAを回し入れて、強火でサッと炒める。

POINT 砂糖の量はみその甘みに合わせて加減してください。

甘めにくたっと煮たキャベツがおいしい

豚とキャベツのはちみつみそ煮

超時短 約10Min
約1～2日間 冷蔵保存可

材料（2人分）

豚こま切れ肉……………………**150g**
キャベツの葉……………………**大4枚**
にんじん……………………中1/3本
ごま油……………………大さじ1/2
だし汁……………………1/3カップ
A みそ……………………大さじ1と2/3
A はちみつ……………………大さじ1と1/3
A しょうゆ……………………少々

作り方

1 豚肉は食べやすく切る。キャベツは太めのせん切りにする。にんじんはやや太めのせん切りにする。

2 フライパンにごま油を中火で熱し、豚肉を炒める。肉の色が変わってきたら、キャベツ、にんじんを加えてサッと炒め合わせる。だし汁を入れ、煮立ったらAを加えて3～4分煮る。

POINT はちみつがない場合は、同量の砂糖で代用しても。

素材をシンプルに楽しむあっさり味つけ

豚肉とキャベツの白だし煮

超時短 約10Min　約1〜2日間冷蔵保存可

材料（2人分）

- **豚バラ薄切り肉**……250g
- **キャベツ**……1/4個
- しめじ……1/2パック
- A
  - 水……1/2カップ
  - 白だし……大さじ3

作り方

1 豚肉は3cm幅に切る。キャベツは2等分のくし形切りにする。しめじは石づきを除いてほぐす。

2 鍋（またはフライパン）にAを入れ、1を入れてふたをし、3分ほど煮る。

レンチンで簡単！ 油不使用でヘルシー

キャベツたっぷりお好み焼き風

超時短 約10Min

材料（2人分）

- **豚バラ薄切り肉**……100g
- **キャベツの葉**……大3枚（約230g）
- A
  - 卵……1個
  - 薄力粉……大さじ2
  - 顆粒和風だし……小さじ1
- 中濃ソース……大さじ1と1/2
- 青のり……適量

作り方

1 豚肉は3cm幅に切る。キャベツは5mm幅のせん切りにする。

2 大きめの耐熱ボウルにAと1を入れ、よく混ぜる。平らにならし、ラップをふんわりとかけて電子レンジ（600W）で5分加熱する。

3 皿に盛り、ソースと青のりをかける。

POINT 中まで火が通っていないときは、10秒ずつ加熱して様子を見てください。

豚肉から出た油でにんじんをよく炒めるのがコツ

にんじんチャンプルー

超時短 約10Min　約1～2日間 冷蔵保存可

材料（2人分）

豚バラ薄切り肉……150g
にんじん……小1本
卵……1個
木綿豆腐……$\frac{1}{2}$丁（150g）
サラダ油……大さじ$\frac{1}{2}$
A［塩……小さじ$\frac{1}{3}$
　 顆粒和風だし……小さじ1

作り方

1 にんじんはやや太めのせん切りにする。豆腐はキッチンペーパーで包んで少しおき、しっかり水けをきる。豚肉は3cm幅に切る。卵は溶いておく。

2 フライパンに油を強火で熱し、豚肉を入れて炒める。肉の色が変わってきたらにんじんを入れて2～3分炒め、全体に油が回ったら**A**をふって炒め合わせる。

3 豆腐をひと口大にちぎりながら加えて中火で炒め、溶き卵を回し入れて全体を大きく混ぜて、卵にふんわりと火が通ったら火を止める。

少なめの油で揚げ焼きにするから簡単

にんじんかき揚げ

超時短 約10Min ｜ 約1～2日間冷蔵保存可

材料（2人分）

豚こま切れ肉	**100g**
にんじん	**小1本**
溶き卵	1個分
薄力粉	1/3カップ
サラダ油	大さじ4
塩	適宜

作り方

1. 豚肉は小さめに切る。にんじんはせん切りにする。
2. 溶き卵に水（分量外）を加えて1/2カップ（100cc）にし、小さめのボウルに入れて薄力粉も加えてさっくりと混ぜる。**1**も加えてざっと混ぜる。
3. フライパンに油を熱し、**2**を1/4量ずつお玉で入れて、中火で2分ほど揚げ焼きにする（途中で上下を返す）。皿に盛り、塩を添える。

肉に薄力粉をまぶすことで味がよくからみます

豚とにんじんのケチャップ炒め

超時短 約10Min ｜ 約1～2日間冷蔵保存可

材料（2人分）

豚こま切れ肉	**150g**
にんじん	**小1本**
玉ねぎ	1/2個
薄力粉	適量
塩・こしょう	各適量
水	大さじ1
A トマトケチャップ	大さじ2
A 粒マスタード	小さじ1
A 砂糖	小さじ1/2
サラダ油	大さじ1

作り方

1. 豚肉は食べやすく切り、塩、こしょうをやや強めにふって、薄力粉を薄くつける。にんじんは細めの棒状に切る。玉ねぎは6～7mm厚さに切る。**A**は混ぜ合わせる。
2. フライパンに油を中火で熱し、豚肉を炒める。色が変わってきたらにんじんを加えて炒め合わせる。水をふってふたをし、2～3分蒸し焼きにする。
3. 玉ねぎを加えて炒め合わせたら、**A**を加え、サッと炒め合わせる。

肉や野菜からいいだしが出て、素朴なおいしさ

豚とにんじんのめんつゆ煮

超時短 約10Min ｜ 約1～2日間 冷蔵保存可

材料（2人分）

豚こま切れ肉……150g
にんじん……小1本
しめじ……$\frac{1}{2}$パック
A めんつゆ（3倍濃縮）……大さじ2と$\frac{1}{2}$
A 水……$\frac{1}{3}$カップ
白すりごま……大さじ1と$\frac{1}{2}$

作り方

1 豚肉は食べやすく切る。にんじんはピーラーで短かめのリボン状にそぐ。しめじは石づきを除いてほぐす。

2 鍋にAを入れて中火で煮立て、豚肉、にんじんを入れ、ふたをして3～4分煮る。しめじを加え、サッと煮て火を止める。皿に盛り、ごまをふる。

POINT にんじんはピーラーでそぐと火の通りが早く、食感も新鮮に。

レンチン後に甘酸っぱいマリネ液であえるだけ

豚肉のハニーレモンマリネ

超時短 約10Min ｜ 約2～3日間 冷蔵保存可

材料（2人分）

豚こま切れ肉……150g
にんじん……小1本（約120g）
A 水……大さじ2
A 顆粒スープの素……小さじ$\frac{1}{2}$
B レモン汁……大さじ3
B はちみつ……大さじ$\frac{1}{2}$

作り方

1 にんじんはせん切りにする。豚肉は食べやすく切り、Aをしっかりもみ込む。

2 耐熱ボウルににんじん、豚肉を入れて混ぜ、ラップをふんわりとかけて、電子レンジ（600W）で4分加熱する。そのまましばらくおいて粗熱をとる。

3 Bを加えて混ぜ合わせる。

にんにく、しょうがは生ならさらにおいしく！

豚玉オイスター炒め

超時短 約10Min

材料（2人分）

- **豚こま切れ肉**……150g
- **玉ねぎ**……小1個
- サラダ油……大さじ1/2
- A
  - 酒……大さじ1と1/2
  - オイスターソース・白すりごま……各大さじ1
  - 砂糖……小さじ1と1/2
  - ごま油……小さじ1/2
  - おろしにんにく・おろししょうが（各チューブ）……各3〜4cm分

作り方

1. 豚肉は食べやすく切る。玉ねぎは6等分のくし形切りにし、1片ずつはがしておく。Aは混ぜ合わせる。
2. フライパンに油を中火で熱し、豚肉を炒める、色が変わってきたら、玉ねぎを加えて少し炒め、ふたをして弱めの中火で2〜3分蒸し焼きにする。
3. Aを加えて強火にし、手早く炒め合わせる。

甘酢玉ねぎだれがゆで豚にぴったり

よだれ豚

超時短 約10Min　約1～2日間 冷蔵保存可

材料（2人分）

豚こま切れ肉……150～200g
酒……大さじ1
片栗粉……適量
A
玉ねぎ（みじん切り）……**大$\frac{1}{4}$個分**
酢……大さじ2と$\frac{1}{2}$
しょうゆ……大さじ1と$\frac{1}{2}$
ごま油……大さじ1
砂糖……大さじ$\frac{1}{2}$
おろしにんにく・おろししょうが（各チューブ）…各3～4cm分

作り方

1 フライパンに多めの湯（分量外）を沸かし始める。豚肉に酒をしっかりもみ込んで、片栗粉を薄くつける。

2 1の湯が沸騰したら豚肉をほぐしながら入れ、2分ほどゆでる。ざるに上げて水けをきり、そのまま冷まして器に盛る。

3 Aを混ぜ合わせ、1の豚肉にかけていただく。

野菜は軽く火を通すのがコツ

豚肉のさっぱりカレー煮

超時短 約10Min　約1～2日間 冷蔵保存可

材料（2人分）

豚こま切れ肉……**150g**
玉ねぎ……**$\frac{1}{2}$個**
にんじん……中$\frac{1}{3}$本
薄力粉……適宜
ごま油……大さじ$\frac{1}{2}$
A
だし汁……$\frac{1}{2}$カップ
砂糖・しょうゆ…各大さじ$\frac{1}{2}$
カレー粉……小さじ$\frac{1}{2}$
酢……大さじ2

作り方

1 豚肉は食べやすく切り、薄力粉を薄くつける。にんじんは細めのせん切りにする。玉ねぎは1～1.5cm幅に切る。

2 フライパンにごま油を熱して豚肉を炒め、色が変わってきたらにんじん、玉ねぎも加えて炒め合わせる。Aを入れて3分ほど弱めの中火で煮る。酢を入れて、すぐに火を止める。

蒸し焼きにした玉ねぎが甘くておいしい

豚と玉ねぎのしょうが炒め

超時短 約10Min

材料（2人分）

- **豚こま切れ肉**……150g
- **玉ねぎ**……小1個
- 青じそ（せん切り／あれば）・適量
- サラダ油……大さじ1/2
- A
  - しょうゆ……大さじ1
  - 酒……大さじ1/2
  - おろししょうが（チューブ）……大さじ1/2

作り方

1 豚肉は食べやすく切る。玉ねぎは6等分のくし形切りにし、1片ずつはがす。**A**は混ぜ合わせる。

2 フライパンに油を中火で熱し、豚肉を炒める。肉の色が変わってきたら玉ねぎを加えて炒め、ふたをして弱めの中火で2〜3分蒸し焼きにする。強めの中火にして**A**を回し入れ、手早く炒め合わせる。皿に盛り、あれば青じそをのせる。

レンチンですぐ作れるからお弁当のおかずにも

豚と玉ねぎのポン酢蒸し

超時短 約10Min　約1〜2日間 冷蔵保存可

材料（2人分）

- **豚バラ薄切り肉**……150g
- **玉ねぎ**……小1個（約150g）
- ポン酢しょうゆ……大さじ2と1/2〜3
- 白いりごま……少々
- 青じそ（せん切り／あれば）・適宜

POINT 玉ねぎを広げた上に豚肉をのせて、うまみを吸わせるのがコツ。

作り方

1 豚肉は3〜4cm幅に切る。玉ねぎは1cm幅に切る。

2 耐熱皿に玉ねぎをほぐして広げ、豚肉を重ならないように広げてのせる。これを繰り返し、ポン酢しょうゆを回しかけて、ラップをふんわりとかける。電子レンジ（600W）で4分半加熱し、とり出す。ごまと青じそをふる。

材料に下味をつけたら炒め蒸しにするだけ

簡単チーズタッカルビ

時短 約15Min

材料（2人分）

豚こま切れ肉……………………150g
じゃがいも………………………中2個
ごま油……………………………大さじ1
A
- 酒・はちみつ……………………各大さじ1
- しょうゆ・みそ…………………各大さじ½
- コチュジャン……………………小さじ1
- ごま油……………………………小さじ½
- おろしにんにく（チューブ）………4cm分

キムチ……………………………80g
ピザ用チーズ………………………50〜60g

作り方

1 じゃがいもは皮をむき、7〜8mm厚さの半月切りにし、水に2〜3分さらす。Aをボウルに入れて混ぜ合わせ、豚肉を入れてもみ込む。じゃがいもの水けをきって加えて、食べやすく切ったキムチも加えてもむ。

2 フライパンにごま油を入れて中火にかけ、1をすべて入れ、軽く炒めたらふたをして、6〜7分蒸し煮にする。チーズを散らし、ふたをしてさらに1〜2分煮る。

POINT じゃがいもは水にさらしておくと、粘り気が出ずに炒めやすい。

ピリッと辛みがじゃがいもに合う！

豚肉とじゃがいものゆずこしょう炒め

超時短 約10Min

材料（2人分）

- **豚バラ薄切り肉**……150g
- **じゃがいも**……中2個
- ごま油……大さじ1/2
- 水……大さじ1
- A
  - 水……1/4カップ
  - ゆずこしょう……小さじ1/2〜1
  - 顆粒鶏がらスープの素・片栗粉……各小さじ1/2
  - 塩……少々

作り方

1. 豚肉は3〜4cm幅に、じゃがいもは6〜7mm角の棒状に切る。Aは混ぜ合わせる。
2. フライパンにごま油を中火で熱し、豚肉を炒める。色が変わったらじゃがいもを加えて炒め合わせ、水を入れてふたをし、弱火で3分〜3分半蒸し焼きにする。Aをもう一度混ぜてから加え、火を強くしてサッと炒め合わせる。

ご飯にもパンにも合う洋風肉じゃがです

豚じゃがトマト煮

時短 約15Min　約1〜2日間 冷蔵保存可

材料（2人分）

- **豚こま切れ肉**……150g
- **じゃがいも**……中2個
- トマト……大1個
- オリーブオイル……大さじ1
- 塩・こしょう……各少々
- 薄力粉……適量
- 牛乳……1/3カップ
- A
  - 水……1/2カップ
  - 酒……大さじ1
  - 顆粒スープの素……小さじ1
- B
  - 砂糖……小さじ1/2
  - 塩……小さじ1/3
  - こしょう……少々

作り方

1. 豚肉は食べやすく切り、塩、こしょうをして、薄力粉をややしっかりめにつける。じゃがいもは皮をむいて7〜8mm厚さのいちょう切りにし、水に2〜3分さらして水けをきる。トマトは2cm大の乱切りにする。
2. フライパンにオリーブオイルと豚肉を入れて中火にかけ、色がほぼ変わるまで炒めたら、じゃがいも、トマトとAを加える。ふたをして弱火で7〜8分煮て、牛乳を入れて1分ほど煮る。Bで味を調える。

ホワイトソースを作る手間なしで超簡単！

豚ポテトグラタン

時短 約15Min

材料(2人分)

豚こま切れ肉……………………**100g**
じゃがいも ……**中2個(約240g)**
オリーブオイル…………大さじ1
牛乳………………………1カップ
薄力粉……………………大さじ1
おろしにんにく(チューブ)
……………………2〜3㎝分
塩 ………………………小さじ1/3
ピザ用チーズ …………50〜60g

作り方

1 じゃがいもは皮をむいて3〜4㎜厚さの輪切りにする(水にさらさない)。

2 豚肉は薄力粉をまぶし、油を熱したフライパンで炒める。色が変わったら、**1**と牛乳を入れて中火にし、煮立ってきたら弱火にする。にんにくと塩を入れて5分煮る。

3 耐熱容器に移し、ピザ用チーズをのせてオーブントースター(1000W)で焼き色がつくまで焼く。

POINT▶じゃがいものでんぷんでとろみをつけるので、水にさらさないこと。

味つけはマヨとにんにくだけ。これがうまい！

豚肉とじゃがいものにんにくマヨ炒め

超時短 約10Min

材料(2人分)

豚こま切れ肉……………………**150g**
じゃがいも ………………………**大1個**
まいたけ…………………1/3パック
ごま油……………………大さじ1/2
A マヨネーズ…………大さじ2
A おろしにんにく(チューブ)
……………………4〜5㎝分

作り方

1 じゃがいもは皮をむいて5〜6㎜厚さの半月切りにし、水に少しさらす。まいたけは石づきを除いてほぐす。

2 フライパンにごま油を中火で熱し、豚肉をサッと炒めたら、水けをきったじゃがいもを加えて弱めの中火にし、ふたをして3〜4分蒸し焼きにする。まいたけと**A**を加えて、さらに1〜2分炒める。

カリカリ豚にオイスター味のとろみあん

豚竜田もやしあん

超時短 約10Min

材料（2人分）

豚バラ薄切り肉……150g
もやし……1/2袋
サラダ油……大さじ1/2
A
- 水……1/2カップ
- 塩……小さじ1/4
- オイスターソース……大さじ1/2
- 砂糖……小さじ1

●水溶き片栗粉
- 片栗粉……小さじ1/2
- 水……小さじ1

作り方

1 豚肉は食べやすく切る。もやしはざく切りにする。

2 フライパンに油を中火で熱し、豚肉を入れてカリッとするまで焼きつけて、とり出す。

3 フライパンをサッとふいて**A**を入れ、中火にかける。煮立ったらもやしを加えて1〜2分煮たら、水溶き片栗粉を加えてとろみをつけ、**2**の豚肉にかける。

レンチンですぐ！ 時短も節約も◎

豚もやしのカレー南蛮

超時短 約10Min　約2～3日間 冷蔵保存可

材料（2人分）

豚こま切れ肉	**100g**
もやし	**1袋（200g）**
塩・こしょう	各適量
A だし汁	1/3カップ
A 酢	大さじ2
A 砂糖・しょうゆ	各大さじ1/2
A カレー粉	小さじ1
A 赤唐辛子（小口切り）	1/2本分

作り方

1 豚肉は食べやすく切り、塩、こしょうをやや強めにふる。Aは混ぜ合わせる。

2 耐熱容器にもやしと豚肉を入れて混ぜ、ラップをふんわりとかけて電子レンジ（600W）で2分30秒加熱する。

3 2のボウルの水けをきって、Aを加えて混ぜ、味をよくなじませる。

POINT 水っぽくならないよう、電子レンジ加熱後はやけどに注意して必ず水けをきって。

豚肉に粉をまぶすことで味がよくからみます

韓国風もやしポーク

超時短 約10Min

材料（2人分）

豚こま切れ肉	**200g**
もやし	**1/2袋**
サラダ油	大さじ1
薄力粉	大さじ1
A トマトケチャップ	大さじ3
A コチュジャン	大さじ1/2～1
A しょうゆ・はちみつ	各大さじ1/2
A ごま油	小さじ1
A おろしにんにく（チューブ）	5～6cm分
白いりごま	適量

作り方

1 ポリ袋に豚肉と薄力粉を入れてよくもむ。Aは混ぜ合わせる。

2 フライパンに油を熱し、1の豚肉を炒める。色が変わってきたらもやしを加えて炒め、ふたをして2分、蒸し焼きにする。Aを加えて混ぜ合わせる。皿に盛り、ごまをふる。

焼き肉のたれを混ぜた納豆が味のまとめ役

豚もやしの納豆炒め

超時短 約10Min

材料（2人分）

- **豚こま切れ肉**……200g
- **もやし**……1袋
- 納豆……1パック
- サラダ油……大さじ1
- 焼き肉のたれ……大さじ3
- 塩……少々

作り方

1. 豚肉は食べやすく切る。納豆に焼き肉のたれを混ぜておく。
2. フライパンに半量の油を中火で熱し、豚肉を炒める。肉の色が完全に変わったら、とり出す。
3. フライパンに残りの油を中火で熱し、納豆を手早く炒めたら、もやしを加えて炒め、少ししんなりしたら豚肉を戻し入れ、炒め合わせる。塩で味を調える。

塩、酢、黒こしょうでさっぱりと

豚バラともやしの塩酢炒め

超時短 約10Min

材料（2人分）

- **豚バラ薄切り肉**……150g
- **もやし**……1袋
- にんじん……中1/3本
- サラダ油……大さじ1/2
- A
  - 酢……大さじ1と1/2
  - 顆粒鶏がらスープの素・粗びき黒こしょう　各小さじ1/2
  - 塩……小さじ1/3

作り方

1. 豚肉は3〜4㎝幅に切る。にんじんはせん切りにする。Aは混ぜ合わせる。
2. フライパンに油を中火で熱し、豚肉を炒める。肉が1枚ずつほぐれて色が変わってきたら、にんじん、もやしを加えて炒め合わせ、Aをもう一度よく混ぜて加え、炒め合わせる。

バターとレモン、にんにくの香りが絶品

豚えのきのレモンガーリックバター

超時短 約10Min

材料（2人分）

	豚こま切れ肉	**200g**
	えのき	**1袋**
	バター	大さじ1
	オリーブオイル	大さじ1/2
A	レモン汁	大さじ1と1/2
A	ごま油	小さじ1
A	塩	小さじ1/4
A	おろしにんにく（チューブ）	4cm分
	粗びき黒こしょう	少々

作り方

1 豚肉は食べやすく切る。えのきは石づきを除いて3cm長さに切る。**A**は混ぜ合わせる。

2 フライパンにバターとオリーブオイルを中火で熱し、豚肉を炒める。色が完全に変わったら、えのきを加えて炒め合わせ、**A**を加えてサッと炒める。器に盛り、黒こしょうをふる。

白だし＆ごま油＆チーズが好相性！

豚肉ときのこの和風チーズ蒸し

超時短 約10Min

材料（2人分）

豚バラ薄切り肉……150g
しめじ……1パック
えのき……1袋
ごま油……大さじ1/2
A［白だし……大さじ2
A［酒……大さじ1
ピザ用チーズ……40g
粗びき黒こしょう……少々

作り方

1 豚肉は3cm幅に切る。えのきは石づきを除いて半分の長さに切る。しめじは石づきを除いてほぐす。

2 フライパンにごま油を中火で熱し、豚肉をサッと炒める。しめじ、えのきを均等に散らし入れて**A**をふり、チーズも散らす。ふたをして、弱めの中火で2分ほど蒸し煮にする。器に盛り、黒こしょうをふる。

ケチャップ入りのたれがご飯にぴったり

豚肉とまいたけのピリ辛甘酢炒め

超時短 約10Min

材料（2人分）

豚こま切れ肉……150g
まいたけ……1パック
玉ねぎ……1/4個
赤唐辛子（小口切り）……1本分
ごま油……大さじ1
薄力粉……適量
A［酢……大さじ1と2/3
A［酒……大さじ1
A［しょうゆ・トマトケチャップ……各大さじ1/2
A［砂糖……小さじ1

作り方

1 豚肉は食べやすく切り、薄力粉を薄くまぶしつける。まいたけはほぐす。玉ねぎは薄切りにする。**A**は混ぜ合わせる。

2 フライパンにごま油と赤唐辛子を入れて中火で熱し、豚肉を炒める。色が変わったら玉ねぎ、まいたけを加えて炒め、**A**を加えて炒め合わせる。

バター＆ヨーグルトで手軽に！

マイルドポークストロガノフ

超時短 約10Min

材料（2人分）

豚こま切れ肉……130g
しめじ……1パック
玉ねぎ……小1/2個
塩・こしょう……各適量
薄力粉……大さじ1
プレーンヨーグルト（無糖）……150g
顆粒スープの素……小さじ1/2
バター……大さじ1
塩……小さじ1/4～1/3
水……1/4カップ

作り方

1 豚肉は食べやすく切り、塩、こしょうをふる。しめじは石づきを除いてほぐす。玉ねぎは薄切りにする。

2 フライパンにバターを入れて中火にかけ、溶けてきたら豚肉を入れて炒める。肉の色が変わってきたら、玉ねぎとしめじも炒め合わせ、薄力粉を入れて炒める。粉っぽさがなくなったら、水と顆粒スープの素を入れて1～2分煮て、ヨーグルトも加える。混ぜながら1分ほど煮て、塩で味を調える。

多めに作って常備菜にしても便利です

豚きのこの中華マリネ

超時短 約10Min　約2～3日間 冷蔵保存可

材料（2人分）

豚バラ薄切り肉……100g
しめじ……1パック（100g）
えのき……1袋（100g）
A
- 酢……1/3カップ
- 砂糖……大さじ2/3
- しょうゆ・ごま油…各大さじ1
- 塩……小さじ1/4
- おろししょうが（チューブ）……5cm分

作り方

1 豚肉は3cm幅に切る。しめじは石づきを除いてほぐす。えのきは石づきを除いて長さを3等分に切る。Aを混ぜ合わせる。

2 大きめの耐熱ボウルに豚肉、きのこ類を入れて混ぜ合わせ、ラップをふんわりとかけて電子レンジ（600W）で3分30秒加熱する。ざるにあげて水けをきり、Aに加えてよく混ぜ合わせ、味をなじませる。

もも・むね・手羽中で バリエ無限大！

レンチンで本格風カレーができるんです！

レンチン バターチキン カレー

約2～3日間 冷蔵保存可

材料（2～3人分）

- **鶏もも肉（から揚げ用）**……約200g
- **トマト**……中2個（約300g）
- 玉ねぎ……1/2個（約100g）
- バター……30g
- 塩……適量
- 薄力粉……大さじ1
- A
  - カレー粉……大さじ2
  - プレーンヨーグルト（無糖）……大さじ4
- B
  - おろしにんにく・おろししょうが（各チューブ）……各2cm分
- 顆粒スープの素……小さじ1/2
- バター（仕上げ用）……大さじ1

作り方

1. 鶏肉は塩をやや多めにもみ込み、Aも加えてもみ込んで10～15分おく。トマトはひと口大のざく切りに、玉ねぎはみじん切りにする。
2. 耐熱ボウルに玉ねぎを入れ、薄力粉をしっかりもみ込む。バターをちぎってのせ、トマトをのせて、顆粒スープの素をふる。さらに鶏肉も平らにのせて、Bを均等に散らす。ラップをふんわりとかけて、電子レンジ（600W）で7分加熱する。
3. すぐに仕上げ用のバターを加え、再びラップをかけてそのまま5分ほどおく。全体を混ぜて、塩で味を調える。

POINT 鶏肉はヨーグルトにつけることでやわらかく。

トマトのうまみと甘みそが鶏肉にからんで美味

鶏トマトみそ炒め

超時短 約10Min

材料（2人分）

鶏むね肉……………………1枚（約250g）
トマト……………………大1個
サラダ油……………………大さじ1
酒……………………大さじ1
薄力粉……………………適量
A［みそ・みりん……………………各大さじ1
　 砂糖・ごま油……………………各小さじ1

作り方

1 鶏肉はひと口大のそぎ切りにし、酒をもみ込んで薄力粉を薄くつける。トマトは小さめのざく切りにして、Aを入れて混ぜ合わせる。

2 フライパンに油を中火で熱し、鶏肉を炒める。色が変わったらふたをして、弱火で2分ほど蒸し焼きにし、とり出す。

3 空いたフライパンに1のトマトをたれごと入れ、サッと炒める。2を戻し入れ、手早く炒め合わせる。

キムチの辛さをトマトでマイルドに！

鶏肉のキムチ煮

時短 約15Min　約2〜3日間 冷蔵保存可

材料（2人分）

鶏もも肉……1枚（250〜300g）
トマト……大1個
塩・こしょう……各少々
サラダ油……大さじ1
A
- キムチ……80g
- 酒……大さじ2
- コチュジャン……小さじ1
- 顆粒鶏がらスープの素……小さじ1/2

白いりごま……大さじ1と1/2

作り方

1. 鶏肉は8等分に切り、塩、こしょうをふる。キムチは大きければざく切り、トマトはひと口大に切る。
2. フライパンに油を中火で熱し、鶏肉を入れ、2〜3分かけて両面を焼きつける。
3. Aとトマトを加えてふたをし、弱めの中火で4〜5分煮る。ごまを加えて軽く混ぜ合わせ、さらに2分煮る。

POINT キムチは辛さによって量を加減して。

トマト×塩昆布がレンチンでめちゃうま

鶏トマトの塩昆布マリネ

時短 約15Min ｜ 約2～3日間 冷蔵保存可

材料（2人分）

鶏むね肉……大$\frac{1}{2}$枚（約150ｇ）
トマト……大1個（約200g）
酒……大さじ$\frac{1}{2}$
片栗粉……小さじ1
A
　塩昆布……5～6ｇ
　白だし・水……各大さじ2
　オリーブオイル……大さじ$\frac{1}{2}$

作り方

1 トマトは1cm大の角切りにする。ボウルにトマトとAを入れて混ぜ合わせる。

2 鶏肉は繊維に沿って1~1.5cm幅の棒状に切り、酒と片栗粉をよくもみ込み、耐熱皿に平らに入れる。ラップをふんわりとかけて、電子レンジ（600W）で3分30秒加熱する。ラップをはずさずに、1分ほどそのままおく。

3 1に2を入れて混ぜ合わせ、5～10分おいてなじませる。

POINT 鶏肉はラップをつけたまま余熱で火を通すと、やわらかく仕上がる。

鶏むね肉は粉をまぶして焼くことでやわらかく

鶏のピリ辛トマトだれ

超時短 約10Min

材料（2人分）

鶏むね肉……1枚（約250ｇ）
トマト……中2個
サラダ油……大さじ2
薄力粉……適量
A
　ごま油……大さじ$\frac{1}{2}$
　酢……小さじ2
　砂糖・しょうゆ……各小さじ1
　豆板醤……小さじ$\frac{1}{3}$～$\frac{1}{2}$
　白すりごま……少々

作り方

1 鶏肉は薄いそぎ切りにして、薄力粉を薄くつける。トマトは小さめのざく切りにして、Aと混ぜ合わせる。

2 フライパンに油を中火で熱し、鶏肉をややカリッとするまで揚げ焼きにする。器に盛り、トマトをたれごとかける。

POINT 豆板醤の量はお好みで加減を。

にんにくが香るヨーグルトソースはレンチンで！

チキンカツ ブロッコリーソース

材料（2人分）

鶏むね肉……………1枚（約250g）
ブロッコリー……$\frac{1}{2}$株（約120g）
揚げ油……………………………適量
薄力粉……………………………適量
溶き卵……………………………1個分
パン粉……………………………$\frac{1}{3}$カップ
粉チーズ……………大さじ1と$\frac{1}{2}$
塩・こしょう………………………各少々
塩……………………………小さじ$\frac{1}{4}$
A
プレーンヨーグルト（無糖）
……………………………大さじ3
オリーブオイル…………大さじ1
おろしにんにく（チューブ）
……………………1～1.5cm分

作り方

1 鶏肉は皮を除き、ラップをかぶせてなるべく平らに麺棒でたたいて、塩、こしょうを両面にふる。パン粉に粉チーズを混ぜ合わせる。

2 鶏肉に薄力粉、溶き卵、1のパン粉の順に衣をつける。中温（170～180℃）に熱した油で3分ほど揚げ（途中で天地を返す）、油をきって器に盛る。

3 ブロッコリーは粗みじん切りにして耐熱ボウルに入れ、塩を回しかけ、ラップをふんわりとかけて電子レンジ（600W）で2分30秒加熱し、そのまま冷ます。粗熱がとれたらAと混ぜ合わせ、2にかける。

焼き肉のたれだけでバッチリ味がキマる！

鶏とブロッコリーのチーズ蒸し

超時短 約10Min

材料（2人分）

鶏もも肉（から揚げ用）	**約200g**
ブロッコリー	**小1株（約180g）**
酒	大さじ1
焼き肉のたれ	1/4カップ
ピザ用チーズ	40g

作り方

1 鶏肉は酒をもみ込む。ブロッコリーは小房に分ける。

2 耐熱ボウルに鶏肉を入れて焼き肉のたれをもみ込み、ブロッコリーを散らし入れる。ラップをふんわりとかけて電子レンジ（600W）で5分加熱する。

3 すぐにラップをはずして混ぜ、チーズを散らし入れ、再びラップをかけて2～3分おく。

鶏肉がしっとりやわらか。冷めてもおいしい

ブロッコリー鶏天

超時短 約10Min
約1～2日間 冷蔵保存可

材料（2人分）

- **鶏むね肉**……大1/2枚（約150g）
- **ブロッコリー**……1/3株
- 揚げ油……適量
- てんぷら粉……1/2カップ
- 塩……少々

作り方

1. 鶏肉は1.5cm角に切る。ブロッコリーは小さめの小房に分ける。
2. てんぷら粉を表示通りに水（分量外）を加えて溶き、1を入れてさっくりと混ぜる。
3. 油を中温（約180℃）に熱し、大きめのスプーンに2を適量ずつのせて、静かに入れる。2分ほどそのまま揚げ、上下を返してさらに2分ほど揚げ、油をきってとり出す。器に盛り、塩を添える。

フライパンで蒸し焼きに。即完成!

鶏ブロッコリーのにんにくマヨサラダ

超時短 約10Min

材料(2人分)

鶏むね肉…………1枚(約250g)
ブロッコリー………………小1株
酒…………………………大さじ1
片栗粉…………大さじ1~1と1/2
水…………………………大さじ2
A
マヨネーズ…………大さじ3
ごま油…………………大さじ1
おろしにんにく(チューブ)
……………………1~2cm分

作り方

1 鶏肉はひと口大のそぎ切りにし、酒と片栗粉をまぶす。ブロッコリーは小さめの小房に分け、茎も食べやすく切る。

2 フライパンに1を入れて混ぜ、水を回しかける。ふたをして弱めの中火で5分蒸し焼きにし、器に盛る。Aを混ぜてかける。

POINT あれば生にんにくをおろして入れるのがおすすめ。

ごま油で焼きつけて仕上げはオイスター!

手羽中とブロッコリーのシンプル焼き

超時短 約10Min　約1~2日間 冷蔵保存可

材料(2人分)

鶏手羽中……………………8本
ブロッコリー………………小1株
ごま油……………………大さじ1
おろししょうが(チューブ)
……………………………2cm分
A
オイスターソース・酒
……………………各大さじ1
砂糖……………………小さじ1

作り方

1 ブロッコリーは小房に分ける。Aは混ぜ合わせる。

2 フライパンにごま油を中火で熱し、鶏肉を両面焼きつける。しょうがとブロッコリーを加え、ふたをして弱めの中火で5~6分蒸し焼きにする。Aを回し入れ、手早くからませる。

バター＆しょうゆで間違いないおいしさ！

鶏キャベツのバターじょうゆ

超時短 約10Min

材料（2人分）

鶏もも肉……1枚（250～300g）
キャベツの葉……大3枚
サラダ油……大さじ$\frac{1}{2}$
バター……大さじ1と$\frac{1}{2}$
塩・こしょう……各少々
しょうゆ……大さじ1

作り方

1 キャベツはやや大きめに食べやすく切る。鶏肉は数か所フォークで刺して食べやすく切り、塩、こしょうをふる。

2 フライパンに油を中火で熱し、鶏肉を入れて両面がややカリッとするまで焼きつける。キャベツを加えてふたをし、弱めの中火で6分ほど蒸し焼きにする。

3 2のフライパンの火を強くして、バターを加えてからめ、しょうゆを回し入れる。

＼しんなりキャベツが美味！／

みんな大好き甘みそ味の鉄板メニュー

鶏キャベツのみそ炒め

超時短 約10Min

材料（2人分）

鶏むね肉……小1枚（200～250g）
キャベツの葉……大3枚
しめじ……1/2パック
サラダ油……大さじ1
酒・片栗粉……各大さじ1
A
- 酒……大さじ3
- 砂糖……大さじ1と1/2
- しょうゆ・みそ……各大さじ1と1/3

作り方

1 鶏肉はひと口大のそぎ切りにし、酒、片栗粉をもみ込む。キャベツは芯を除いてひと口大に切る。しめじは石づきを除いてほぐす。Aは混ぜ合わせる。

2 フライパンに油を中火で熱し、鶏肉を炒める。色が変わってきたら、ふたをして弱火で3分蒸し焼きにする。キャベツ、しめじを加えて炒め合わせ、強火にしてAをもう一度混ぜてから回し入れ、手早く炒め合わせる。

POINT 砂糖の量はみその味によって加減を。

粗く刻んだ鶏肉をキャベツで巻いて

ミニロールキャベツ

約2～3日間
冷蔵保存可

材料（2人分）

鶏むね肉……大$\frac{1}{2}$枚（約150g）
キャベツの葉……大4枚（約300g）
トマト……大1個（約200g）
A［片栗粉……大さじ1
　塩……小さじ$\frac{1}{4}$
　こしょう……少々］
B［酒……大さじ1
　顆粒スープの素……小さじ$\frac{1}{2}$］
C［トマトケチャップ……大さじ1
　塩・こしょう・砂糖……各少々］

作り方

1 キャベツは芯を除いて縦半分に切り、耐熱ボウルに入れてラップをかけ、電子レンジ（600W）で5分、やわらかくなるまで加熱する。トマトはひと口大の乱切りにする。鶏肉は粗くたたき、Aを加えて混ぜる。

2 1のキャベツ1枚で鶏肉だね$\frac{1}{8}$量を包む。残りも同様にする。

3 フライパンに2を並べ入れ、トマトとBを加えてふたをし、10分ほど煮る。Cで味を調える。

野菜たっぷりでヘルシー

鶏肉入り 簡単ザワークラウト

時短 約15Min　約2～3日間 冷蔵保存可

材料（2人分）

鶏むね肉…**小1枚（200～250g）**
キャベツの葉……………**大4枚**
にんじん……………………中$\frac{1}{2}$本
酒……………………………大さじ1
塩……………………………少々
A ┌ 酢…………………… $\frac{1}{3}$カップ
　│ 水…………………… $\frac{1}{4}$カップ
　│ 砂糖…………………大さじ$\frac{1}{2}$
　└ 顆粒スープの素・塩
　　　…………………各小さじ$\frac{1}{2}$
粒マスタード（あれば）
　……………………………小さじ1

作り方

1 キャベツは芯を除き、やや太めのせん切りにする。にんじんはせん切りにする。

2 鶏肉は大きめのそぎ切りにしてから細めに切り、酒と塩をもみ込む。

3 鍋にAを入れて煮立て、1と2を加えて弱めの中火で5～6分煮て、火を止める。あれば粒マスタードを加えて混ぜる。

POINT キャベツは太めのせん切りにすると、味がからみやすく、食べごたえも出る。

仕上げのごまでこっくりと

鶏肉とキャベツの ごまだれ煮

超時短 約10Min　約2～3日間 冷蔵保存可

材料（2人分）

鶏もも肉（から揚げ用）……**6切れ**
キャベツの葉……………**大3枚**
だし汁………………………$\frac{2}{3}$カップ
A ┌ 酒・砂糖・しょうゆ
　└ ………………………各大さじ1
白すりごま…………大さじ1と$\frac{1}{2}$

作り方

1 キャベツはざく切りにする。

2 鍋にだし汁と鶏肉を入れて中火にかけ、煮立ったら弱めの中火にして4～5分煮る。キャベツを加え、Aを加えてふたをし、強めの中火でさらに3分ほど煮る。

3 ごまを加え、鍋をゆすりながら煮からめる。

照り焼き味がにんじんにもぴったり！

鶏肉のごま照り焼き

時短 約15Min ／ 約1～2日間 冷蔵保存可

材料（2人分）

鶏もも肉……大1枚（300～350g）
にんじん……中1/2本
サラダ油……大さじ1
薄力粉……適量
A［しょうゆ・みりん・砂糖……各大さじ2
白いりごま……少々

作り方

1 鶏肉は8等分に切り、薄力粉を薄くはたきつける。にんじんは薄い輪切りにする。Aは混ぜ合わせる。

2 フライパンに油を中火で熱し、鶏肉を皮目から焼きつける。焼き色がついたら上下を返し、にんじんを入れる。ふたをして火を弱め、7分ほど蒸し焼きにする。

3 中火にしてAを回し入れる。フライパンをときどきゆすりながら、たれをからめ、皿に盛ってごまをふる。

乱切りにんじんが甘くておいしい

簡単いり鶏

時短 約15Min
約2～3日間 冷蔵保存可

材料（2人分）

鶏もも肉……1枚（200～250g）
にんじん……小1本
サラダ油……大さじ1/2
片栗粉……大さじ1
酒……大さじ1/2
A
水……1カップ
しょうゆ……大さじ2
酒・みりん……大さじ1
砂糖……大さじ1/2

作り方

1 鶏肉はひと口大のそぎ切りにし、酒、片栗粉をまぶす。にんじんは小さめの乱切りにする。

2 鍋に油を入れ、鶏肉を炒める。にんじんを加えて炒め、Aを入れてふたをし、弱めの中火で7～8分煮る。

鶏肉とにんじんは一気にレンチンで

レモン風味チキンサラダ

超時短 約10Min
約2～3日間 冷蔵保存可

材料（2人分）

鶏もも肉……1枚（250～300g）
にんじん……中1本（約150g）
塩・こしょう……各少々
A
レモン汁……大さじ3
マヨネーズ……大さじ1
オリーブオイル……大さじ1/2
砂糖……小さじ2

作り方

1 鶏肉は3cm角に切り、塩、こしょうをやや強めにふる。にんじんは太めのせん切りにする。Aは混ぜ合わせる。

2 耐熱ボウルに鶏肉とにんじんを入れ、ラップをふんわりとかけて電子レンジ（600W）で4分加熱する。そのまま冷まし、粗熱がとれたら、Aをかけていただく。

POINT 鶏肉はラップをつけたまま余熱で火を通すと、やわらかく仕上がる。

チーズの香りがふわっと。お弁当にも

鶏肉とにんじんのチーズピカタ

時短 約15Min ｜ 約1〜2日間 冷蔵保存可

材料（2人分）

鶏むね肉…………**1枚（約250g）**
にんじん…………**中1/2本**
サラダ油…………大さじ1
塩・こしょう…………各少々
薄力粉…………適量
A［溶き卵…………1個分
　 粉チーズ…………大さじ1と1/2
粗びき黒こしょう…………少々

POINT お好みでケチャップなどをつけてもおいしい。

作り方

1 にんじんは短めのせん切りにしてAと混ぜ合わせる。鶏肉はやや大きめのそぎ切りにして、塩、こしょうをふり、薄力粉を薄くはたきつける。

2 フライパンに油を中火で熱し、鶏肉をAにくぐらせてから、にんじんを鶏肉にのせるようにしてフライパンに並べ、両面を5〜6分かけてじっくり焼く。ふたをして、弱めの中火で2〜3分蒸し焼きにする。器に盛り、黒こしょうをふる。

鶏肉たっぷりで食べごたえありの一皿

鶏にんじんのおかずナムル

超時短 約10Min ｜ 約2〜3日間 冷蔵保存可

材料（2人分）

鶏むね肉……**小1枚（200〜250g）**
にんじん…………**中1本（約150g）**
酒…………大さじ1/2
A［白すりごま・ごま油
　 …………各大さじ2
　 おろしにんにく（チューブ）
　 …………2cm分
　 塩…………小さじ2/3

作り方

1 鶏肉はひと口大のそぎ切りにし、酒をもみ込む。にんじんは細めの棒状に切る。Aは混ぜ合わせる。

2 耐熱ボウルに鶏肉とにんじんを入れて混ぜ、ラップをふんわりとかけて電子レンジ（600W）で4分加熱する。そのまま粗熱がとれるまで冷ましたら、Aであえる。

おかずにもおつまみにもぴったり！

手羽中から揚げ ピリ辛玉ねぎだれ

時短 約15Min ｜ 約1～2日間 冷蔵保存可

材料（2人分）

鶏手羽中	**8本**
玉ねぎ	**1/2個**
揚げ油	大さじ3～4
塩・こしょう	各少々
薄力粉	適量
A 酢	大さじ2
A 白だし	大さじ1と1/2
A ごま油	大さじ1/2
A 砂糖・一味唐辛子	各小さじ1/2

作り方

1 玉ねぎは薄切りにして塩小さじ1/3でもみ、水にさらして5分ほどおき、ざるに上げて水けを絞る。Aを加えて混ぜ合わせる。

2 鶏肉は塩、こしょう各少々をふり、薄力粉を薄くまぶす。フライパンに油を熱し、3～4分上下を返しながら揚げ焼きにする。油をきって器に盛り、1をかける。

POINT 玉ねぎはなるべく薄く切ると、肉にからめて食べやすく、味もしみてよい。

にんにくがいい香り。簡単レンチンミルク煮

鶏肉のシュクメルリ風

超時短 約10Min　約1~2日間 冷蔵保存可

材料（2人分）

鶏もも肉（から揚げ用）……250g
玉ねぎ……½個（約100g）
じゃがいも……中1個（約120g）
塩……少々
おろしにんにく（チューブ）……5〜6cm分
薄力粉……大さじ1と½
A 水……¼カップ
A 酒……大さじ1
A 顆粒スープの素……小さじ½
牛乳……⅓カップ
バター……大さじ1

作り方

1 鶏肉にやや強めに塩をふり、にんにくをもみ込み、薄力粉ももみ込む。玉ねぎは4等分のくし形切りにし、1片ずつはがす。じゃがいもは6〜7mm厚さのいちょう切りにする。

2 耐熱ボウルに1を入れてざっと混ぜ、Aを加えて混ぜる。ラップをふんわりとかけて、電子レンジ（600W）で5分加熱する。牛乳を加えてラップをかけ、さらに2分加熱する。熱いうちにバターを加えて混ぜる。

大きめに切った玉ねぎも主役級のおいしさ

鶏肉のタンドリー蒸し

超時短 約15Min　約1~2日間 冷蔵保存可

材料（2人分）

鶏もも肉（から揚げ用）……250g
玉ねぎ……1個
サラダ油……大さじ½
塩……少々
A プレーンヨーグルト（無糖）……⅓カップ
A トマトケチャップ……大さじ½
A カレー粉……小さじ1
A 塩……小さじ⅓
A おろしにんにく（チューブ）……4〜5cm分

作り方

1 玉ねぎは4等分のくし形切りにし、ざっくりはがしておく。Aはよく混ぜ合わせる。鶏肉に塩をふる。

2 フライパンに油を中火で熱し、鶏肉を入れて4分ほど、焼き色がつくまで両面を焼く。玉ねぎを加え、Aを回し入れ、ふたをして弱めの中火で5〜6分蒸し煮にする。

片栗粉をまぶした鶏肉がつるんとやわらか

鶏肉と玉ねぎのピリ辛炒め

超時短 約10Min

材料（2人分）

鶏むね肉…小1枚（200～250g）
玉ねぎ……½個
えのき……1袋
ごま油……大さじ½
酒……大さじ½
片栗粉……大さじ1
A
酒……大さじ1
豆板醤……小さじ½
塩・顆粒鶏がらスープの素……各小さじ⅓

作り方

1 鶏肉はひと口大に切り、酒をもみ込んで片栗粉を薄くつける。玉ねぎは6等分に切り、1片ずつはがす。えのきは石づきを除いて長さを3等分に切る。Aは混ぜ合わせる。

2 フライパンにごま油を中火で熱し、鶏肉を3～4分かけて両面を焼く。玉ねぎを加え、ふたをして弱火で2分ほど蒸し焼きにする。火を強めてえのきとAを加えて手早く炒める。

酸っぱ辛いタイの春雨サラダ。レンチンでOK

ヤムウンセン

超時短 約10Min　約2～3日間 冷蔵保存可

材料（2人分）

鶏むね肉…小1枚（200～250g）
玉ねぎ……½個（約100g）
春雨（ショートタイプ）……40g
塩……小さじ¼
酒……大さじ½
レモン汁……大さじ2～2と½
A
ナンプラー……大さじ1と½
砂糖……大さじ½
しょうゆ……小さじ2
赤唐辛子（小口切り）…1本分

作り方

1 鶏肉は食べやすくそぎ切りにし、塩と酒をもみ込む。玉ねぎは薄切りにし、塩少々（分量外）をふって塩もみしてから、水に2～3分さらし、水けを絞る。春雨は熱湯につけて戻し、水けをしっかりきる。

2 耐熱皿に鶏肉をのせてラップをふんわりとかけ、電子レンジ（600W）で3分加熱する。ラップをはずさずにそのまま冷ます。

3 大きめのボウルにAを混ぜ合わせ、2、玉ねぎ、春雨を加えてあえる。

BBQ味チキン＆ポテトの黄金コンビ

鶏肉とじゃがいものバーベキュー焼き

約1〜2日間
冷蔵保存可

材料（2人分）

- **鶏もも肉**………1枚（250〜300g）
- **じゃがいも**………中2個
- サラダ油………小さじ1
- 薄力粉………適量
- 塩・こしょう………各少々
- A
  - トマトケチャップ………大さじ3
  - 中濃ソース………大さじ2
  - はちみつ………大さじ1/2

作り方

1. 鶏肉はフォークで皮を数か所刺し、薄力粉を薄くつける。Aは混ぜ合わせる。じゃがいもは皮をよく洗い、皮をむかずに7〜8mm厚さの輪切りにする。
2. フライパンに油を入れ、火にかける前に鶏肉を皮目を下にして入れる。すき間にじゃがいもも並べ入れ、中火にかける。3分ほど焼いて鶏肉に焼き色がついたら上下を返し、じゃがいもも返す。ふたをして弱めの中火にし、8〜9分蒸し焼きにする。じゃがいもをとり出して軽く塩、こしょうをふる。
3. キッチンペーパーで余分な油をふきとり、火を強くしてAを回し入れる。フライパンをゆすりながら、肉にたれをからめて照りを出す。鶏肉を切り分けて器に盛り、じゃがいもを添える。

最後に加えるレモン汁でさわやかに

鶏じゃがレモンじょうゆ

時短 約15Min　約1〜2日間 冷蔵保存可

材料（2人分）

鶏むね肉……**小1枚（200〜250g）**
じゃがいも……**中2個**
酒……大さじ1/2
片栗粉……大さじ1/2
A［水……2/3カップ
A［砂糖・しょうゆ……各大さじ1
レモン汁……大さじ1

作り方

1 じゃがいもは皮をむいて1㎝厚さの半月切りにし、水に2〜3分さらす。鶏肉はひと口大のそぎ切りにし、酒、片栗粉をもみ込む。

2 フライパンに1を並べ入れ、Aを入れて強火にかける。煮立ったら弱めの中火にし、ふたをして7〜8分煮る。最後にレモン汁を回しかけ、すぐに火を止める。

じゃがいもは小さめに切ると火通りが早い！

手羽中キムチ煮

時短 約15Min　約2〜3日間 冷蔵保存可

材料（2人分）

鶏手羽中……**6本**
じゃがいも……**中2個**
キムチ……80g
ごま油……大さじ1
A［水……2/3カップ
A［酒……大さじ1
A［しょうゆ……少々
A［顆粒鶏がらスープの素……小さじ1/3
A［塩……少々
おろしにんにく・おろししょうが（各チューブ）……各4〜5㎝分

作り方

1 じゃがいもは皮をむいて1㎝厚さの半月切りかいちょう切りにする。キムチは大きければ食べやすく切る。

2 鍋にごま油を中火で熱し、鶏肉を入れて2〜3分焼きつけたら、じゃがいもを入れて炒め合わせる。キムチを加えてサッと混ぜ、Aを加える。にんにく、しょうがも加えてひと混ぜし、ふたをして弱火で6〜7分蒸し煮にする。ふたをとって1〜2分煮詰める。

ケチャップと豆板醤などで手軽にチリ味に！

鶏チリソース煮

時短 約15Min ／ 約1~2日間 冷蔵保存可

材料（2人分）

鶏もも肉 ……小1枚（200～250g）
じゃがいも ……中2個
ブロッコリー……小5～6房
ごま油……大さじ1
酒……大さじ1/2
片栗粉……大さじ1

A
水……1/4カップ
トマトケチャップ……大さじ2と1/2
酒……大さじ1
砂糖……大さじ1/2
片栗粉……小さじ1
豆板醤……小さじ1/2～1
顆粒鶏がらスープの素……小さじ1/2

作り方

1 鶏肉はひと口大に切り、酒、片栗粉をもみ込む。じゃがいもは皮をむいて5～6mm厚さのいちょう切りにし、水にサッとさらして水けをきる。Aは混ぜ合わせる。

2 フライパンにごま油を弱火で熱し、鶏肉を2～3分焼きつける。じゃがいもとブロッコリーを加えて炒め合わせ、ふたをして弱火で4～5分蒸し焼きにする。Aをもう一度よく混ぜてから加え、混ぜながら2分煮る。

食パンやバゲットではさんでもおいしい！

カリカリパン粉のチキンサラダ

時短 約15Min

材料（2人分）

鶏むね肉 ……小1枚（200～250g）
じゃがいも ……中2個（約240g）
固ゆで卵……1～2個
パン粉……1/2カップ
バター……大さじ2
酒……大さじ1/2
塩・こしょう……各少々
マヨネーズ……大さじ3と1/2

作り方

1 鶏肉は2.5cm角に切り、酒をもみ込む。じゃがいもは皮をよく洗い、皮をむかずに2cm角に切り、水にサッとさらして水けをきる。鶏肉とじゃがいもを耐熱ボウルに均等に入れ、ラップをふんわりとかけて電子レンジ（600W）で6分加熱する。ラップをはずさずに、そのまま冷ます。

2 フライパンにバターを入れて弱火で溶かし、パン粉を焦がさないように弱火で炒め、塩、こしょうをふる。

3 1の水けをきってマヨネーズであえ、粗みじん切りにしたゆで卵も加えて混ぜ合わせる。食べる直前に2を加えて混ぜ、皿に盛る。

子どもも大人も大好きな味！

鶏肉ともやしの中華クリーム煮

超時短 約10Min

材料（2人分）

鶏もも肉（から揚げ用）……8切れ
もやし……1袋
サラダ油……大さじ1/2
塩・こしょう・片栗粉……各適量
A
- 牛乳……1/3カップ
- 酒……大さじ1/2
- 顆粒鶏がらスープの素……小さじ1
- 片栗粉……小さじ1/2
- 塩……小さじ1/3
- こしょう……少々

作り方

1 鶏肉は塩、こしょうをやや多めにふって、片栗粉を薄くつける。Aは混ぜ合わせる。

2 フライパンに油を中火で熱し、鶏肉を入れてサッと両面を焼きつける。焼き色がついたらもやしを入れ、ふたをして2分蒸し焼きにする。

3 Aをもう一度よく混ぜてから加える。大きく混ぜながら2～3分煮て、とろみがついたら火を止める。

鶏肉をくるくる包んだらレンチンで完成！

もやしロールチキン

時短 約15Min　約2～3日間 冷蔵保存可

材料（作りやすい分量）

鶏むね肉……**大1枚（300～350g）**
もやし……**1/2袋（100g）**
A
- 白すりごま……大さじ1
- ごま油……大さじ1/2
- コチュジャン・しょうゆ・酢……各小さじ1
- 砂糖……小さじ1/2

POINT 鶏肉はラップをつけたまま余熱で火を通すと、やわらかく仕上がる。

作り方

1 Aは混ぜ合わせる。

2 鶏肉は余分な脂をとり、身の厚い部分に浅く包丁を入れてなるべく平らにする。ラップを長さ40cmほど切って縦に敷き、手前に鶏肉を皮を下にしておく。もやしを棒状にのせ、端からしっかり巻く。ラップでややきつめに包む。

3 大きめの耐熱皿に2をのせ、電子レンジ（600W）で6～7分加熱する。ラップをはずさずに、完全に冷めるまでそのままおき、冷めたら1.5cm幅に切り分ける。皿に盛り、Aをかける。

淡白な食材にしその香りがマッチ

鶏もやしのゆかり炒め

時短 約15Min

材料（2人分）

鶏むね肉……**1枚（約250g）**
もやし……**1袋**
サラダ油……大さじ1
酒・片栗粉・ゆかり……各大さじ1
ごま油……少々

作り方

1 鶏肉は薄いそぎ切りにして4～5cm長さの棒状に切り、酒、片栗粉をもみ込む。

2 フライパンに油を中火で熱し、鶏肉を入れて焼きつける。焼き色がついたら、ふたをして2～3分蒸し焼きにする。もやしを加えて1～2分炒め、火を少し強くしてゆかりをふり入れ、手早く炒め合わせる。最後にごま油をふる。

ナンプラー味のベトナム風オムレツ

鶏肉ともやしの卵包み

時短 約15Min

材料（2人分）

鶏むね肉…………1枚（約250g）
もやし……………………1/2袋
卵……………………………2個
サラダ油………………大さじ1/2
塩・こしょう………………各少々
A
- 水…………………………大さじ2
- ナンプラー………………大さじ1
- 砂糖……………………大さじ2/3
- 酢………………………大さじ1/2
- レモン汁………………小さじ1/2

作り方

1 鶏肉は1cm幅の棒状に切る。ボウルに卵を割り入れ、塩、こしょうをふってよく溶く。

2 フライパンに半量の油を強火で熱し、鶏肉をしっかり焼きつけ、ふたをして1〜2分蒸し焼きにする。もやしを加えてサッと炒めてとり出す。

3 残りの油を加えて1の卵液を流し入れ、全体に広げる。弱火にしてふたをし、2分ほど蒸し焼きにする。卵がほとんど固まってきたら火を止め、2を卵の半面にのせる。卵を半分に折って包み、皿にのせて、よく混ぜたAをかける。

鶏肉のだしが出た煮汁がおいしい

ベトナム風鶏もやし煮

超時短 約10Min

材料（2人分）

鶏むね肉…小1枚（200〜250g）
もやし……………………1袋
酒…………………………大さじ1
片栗粉……………………大さじ1/2
水………………………2/3カップ
A
- ナンプラー・レモン汁……………各大さじ1
- 顆粒鶏がらスープの素……………小さじ1
- 塩………………………小さじ1/3
- ごま油……………………少々

作り方

1 鶏肉は食べやすい大きさのそぎ切りにし、酒と片栗粉をもみ込む。

2 鍋に分量の水と鶏肉を入れて中火にかけ、煮立ったら2分ほど煮て、Aを加える。もやしを加え、さらに2〜3分煮る。

豆板醤でピリッと辛みをプラス。量はお好みで

手羽中ときのこのオイスター炒め

超時短 約10Min

約1～2日間 冷蔵保存可

材料（2人分）

鶏手羽中……………………8本
えのき……………………1袋
しめじ……………………1パック
ごま油……………………大さじ1

A
- 水……………………1/3カップ
- 酒・オイスターソース……………各大さじ1
- 砂糖……………………大さじ2/3
- しょうゆ……………………大さじ1/2
- 豆板醤……………………小さじ1/3～1/2

作り方

1 えのきは石づきを除いて長さを3等分に切り、ほぐす。しめじは石づきを除いてほぐす。

2 フライパンにごま油を中火で熱し、鶏肉を両面焼きつけ、ふたをして弱火で3分蒸し焼きにする。1を入れて炒め、Aも加えて汁けがなくなるまで炒め合わせる。

バゲットを添えて。お酒のおつまみにも

チキンアヒージョ

時短 約15Min

材料（2人分）

鶏むね肉……**大1/2枚（約150g）**
まいたけ……………………**1パック**
ブロッコリー……………………1/4株
塩・こしょう………………各少々
A
- オリーブオイル……1/2カップ
- 赤唐辛子（小口切り）…………………1/2～1本分
- おろしにんにく（チューブ）…………………………4cm分

作り方

1 鶏肉は小さめのひと口大に切り、塩、こしょうをやや強めにふる。ブロッコリーは小さめの小房に分ける。まいたけはほぐす。

2 小さめの鍋かスキレットにAを入れて弱火にかけ、すぐに1を入れる。肉に火が通ったら、煮ながら（または火からおろして）いただく。

POINT まいたけのかわりに、エリンギやマッシュルームなどでも。

うまみの濃いまいたけだれがおいしい！

チキンロール まいたけソース

時短 約15Min　約1～2日間 冷蔵保存可

材料（2人分）

鶏もも肉………**1枚（250～300g）**
まいたけ…………**1パック（100g）**
塩・こしょう………………各少々
A
- おろしにんにく・おろししょうが（各チューブ）……………各4～5cm分
- 酢………………大さじ2と1/2
- しょうゆ………大さじ1と1/2
- 砂糖…………………大さじ1/3

白いりごま……………………少々

作り方

1 鶏肉は身の厚い部分に浅く包丁を入れ、平らにする。

2 ラップを40cmぐらい広げ、鶏肉を皮目を上にして置き、塩、こしょうを軽くふって肉の端からしっかり巻く。ラップでやや強めに巻いて包む。

3 まいたけは細かく切って小さめの耐熱ボウルに入れ、ラップをふんわりとかけて電子レンジ（600W）で1分加熱し、Aと混ぜ合わせる。

4 2の鶏肉を耐熱皿に置き、電子レンジ（600W）で6分加熱する。ラップをはずさずにそのままおいて、完全に冷めたら1cm幅に切り分ける。器に盛り、3をかけ、ごまをふる。

あればフレッシュなレモン果汁でぜひ！

鶏えのきレモンクリーム煮

時短 約15Min

材料（2人分）

鶏むね肉…………**1枚（約250g）**
えのき……………………………**1袋**
にんじん……………………中1/3本
オリーブオイル…………大さじ1
薄力粉………………………大さじ2
水……………………………1/2カップ
牛乳…………………………1/3カップ
顆粒スープの素………小さじ1/2
塩……………………………小さじ1/3
レモン汁……………………小さじ2
A［酒……………………大さじ1/2
　 塩・こしょう…………各少々
粗びき黒こしょう……………少々

作り方

1 鶏肉は薄めのそぎ切りにし、Aをもみ込んでおく。にんじんはせん切り、えのきは石づきを除いて半分に切る。

2 フライパンにオリーブオイルを中火で熱し、にんじんとえのきを炒める。ややしんなりしてきたら薄力粉をふり入れて炒め、粉けがなくなったら水と顆粒スープの素を入れてよく混ぜる。火を弱めの中火にして、鶏肉を重ならないように並べ、途中で鶏肉の上下を返して4分煮る。

3 牛乳を加えて混ぜ、とろみがついたら塩で味を調える。レモン汁を回し入れてサッと混ぜ、すぐに火を止める。器に盛り、黒こしょうをふる。

うまみが溶け出たシンプルなスープが絶品

鶏きのこの塩スープ煮

時短 約15Min　約2〜3日間 冷蔵保存可

材料（2人分）

鶏手羽中……………………………**8本**
まいたけ…………………**1パック**
えのき……………………………**1袋**
春雨（ショートタイプ）………30g
塩・こしょう…………………各適量
A［水…………………………2カップ
　 酒………………………大さじ1/2
　 顆粒鶏がらスープの素
　 ………………………………小さじ1/3

作り方

1 鶏肉は塩、こしょうを各少々ふる。まいたけはほぐし、えのきは石づきを除いて3等分に切り、ほぐす。

2 鍋に鶏肉、Aを入れて火にかけ、煮立ったらアクをとり、7〜8分煮る。まいたけ、えのき、春雨を加え、塩小さじ1/3、こしょうで調味して、さらに2〜3分煮る。

豚ひき・鶏ひき・合いびきで
人気メニュー！

ごま風味のトマトマヨがぴったり

トマトマヨソースがけハンバーグ

約1～2日間
冷蔵保存可

材料（2人分）

合いびき肉……………………**200g**
トマト…………………………**大1個**
玉ねぎ……………………………1/4個
サラダ油………………… 大さじ1/2
A
- パン粉……………… 1/4カップ
- 牛乳……………………大さじ2
- 塩・こしょう………… 各少々

B
- マヨネーズ…… 大さじ1と1/2
- 白すりごま………… 大さじ1
- オリーブオイル…… 大さじ1/2

作り方

1 玉ねぎはみじん切りにする。トマトは1.5cm角に切ってBと混ぜ、ソースを作る。

2 ボウルにひき肉とAを入れて練り、玉ねぎも入れてよく練る。1/2量ずつ小判形にまとめる。

3 フライパンに油を中火で熱し、2を入れて弱めの中火で1分焼き、上下を返してふたをし、弱火で8分ほど焼く。器に盛り、1のソースをかける。

長時間煮込んだような一品がレンチンで！

ハヤシ風トマト煮

超時短 約10Min　約2～3日間 冷蔵保存可

材料（2人分）

合いびき肉……150g
トマト……大1個（約200g）
玉ねぎ……1/2個（約100g）
薄力粉……大さじ1
A
- トマトケチャップ……大さじ2と1/2
- 中濃ソース……大さじ1と1/2
- 酒……大さじ1
- 塩・砂糖……各小さじ1/3
- 顆粒スープの素……小さじ1/2

作り方

1 トマトはひと口大に切る。玉ねぎは5㎜厚さの薄切りにする。Aは混ぜ合わせる。

2 耐熱容器にひき肉、玉ねぎを入れ、薄力粉を加えてしっかりもみ込む。トマトも加え、Aを回し入れて、ラップをふんわりとかけて電子レンジ（600W）で5分加熱する。ラップをしたまま2分おき、よく混ぜる。

ひき肉はほぐしすぎず、かたまりが残るように炒めて

マーボートマト

超時短 約10Min

材料（2人分）

豚ひき肉……150g
トマト……小2個
サラダ油……大さじ1/2
おろししょうが・おろしにんにく
（各チューブ）……各5cm分
A
- 酒……大さじ2
- みそ……大さじ1
- しょうゆ……大さじ2/3
- 片栗粉……小さじ1
- 顆粒鶏がらスープの素……小さじ1/2
- 豆板醤……小さじ1/3〜2/3

ごま油……少々

作り方

1 トマトは大きめのひと口大に切る。ひき肉はAと混ぜる。

2 フライパンに油を中火で熱し、しょうが、にんにくを炒める。香りが出てきたらトマトを加えてサッと炒め、1のひき肉を散らすように加える。ふたをして3〜4分蒸し煮にする。

3 火を強くして、ひき肉を粗くほぐすようにして炒め煮にし、ごま油を回し入れる。

煮込んだトマトのうま味がおいしさの理由！

チリコンカン風

超時短 約10Min ｜ 約2~3日間 冷蔵保存可

材料（2人分）

合いびき肉……………………**150g**
トマト……………………………**小2個**
水煮大豆……………………………100g
オリーブオイル…………大さじ1/2
おろしにんにく（チューブ）
……………………………3～4cm分
砂糖……………………………………少々
A ┌ トマトケチャップ……大さじ1
　│ 顆粒スープの素・カレー粉・
　└ 一味唐辛子………各小さじ1/2

作り方

1 トマトは小さめのざく切りにする。大豆は水けをきる。

2 鍋にオリーブオイルとにんにくを入れ、中火でひき肉を炒める。肉の色が変わったらトマトも入れて炒め、大豆と**A**を入れて4分ほど煮る。砂糖で味を調える。

ひき肉をチンしたらマリネ液に漬けて

豚トマトのレモンマリネ

超時短 約10Min ｜ 約2~3日間 冷蔵保存可

材料（2人分）

豚ひき肉……………………………**150g**
トマト…………**大1個（約200g）**
玉ねぎ………………1/4個（約50g）
ツナ缶（油漬け）………1缶（70g）
塩………………………………………少々
薄力粉……………………………大さじ1
A ┌ レモン汁……………………大さじ3
　│ オリーブオイル………大さじ2
　│ 砂糖…………………………小さじ2
　│ 塩………………………小さじ1/4
　└ こしょう…………………………少々

作り方

1 トマトは薄めのくし形に切る。玉ねぎは薄切りにし、塩少々でもんで水にさらし、水けをしっかり絞る。

2 ボウルに**A**を合わせ、**1**と汁けをきったツナを加えて混ぜ合わせる。

3 耐熱容器にひき肉を入れて薄力粉を薄くまぶしつけ、ラップをふんわりとかけて、電子レンジ（600W）で3分加熱する。すぐにほぐし、**2**に加えてなじませる。

POINT 電子レンジ加熱後のひき肉は、かたまりが残るようにほぐすのがコツ。

ケチャップベースの合わせ調味料がクセになる味

ブロッコリーとひき肉のヤンニョム炒め

超時短 約10Min　約1～2日間 冷蔵保存可

材料（2人分）

豚ひき肉……150ｇ
ブロッコリー……1/2株
ごま油……大さじ1
酒……大さじ2
A
トマトケチャップ……大さじ1と1/2
コチュジャン……大さじ1/2
しょうゆ・はちみつ・ごま油……各小さじ1
おろしにんにく（チューブ）……4㎝分

作り方

1 ブロッコリーは小房に分ける。Aは混ぜ合わせる。

2 フライパンにごま油を中火で熱してひき肉を入れ、色が変わるまで炒めたらブロッコリーを加える。ざっと混ぜて酒を入れ、ふたをして弱火で4分蒸し煮にする。Aを入れ、全体にからませるように混ぜながら炒める。

焼いたブロッコリーの食感が新鮮！

焼きブロッコリーのとろり肉みそ

超時短 約10Min ／ 約1～2日間 冷蔵保存可

材料（2人分）

豚ひき肉……100g
ブロッコリー……1/2株
ごま油……大さじ1
おろしにんにく・おろししょうが
（各チューブ）……各5cm分
A
- 水……1/3カップ
- みそ……大さじ1
- 砂糖……大さじ2/3
- 酒……大さじ1/2
- しょうゆ……小さじ1
- 顆粒鶏がらスープの素……小さじ1/2

●水溶き片栗粉
片栗粉・水……各小さじ1

作り方

1 ブロッコリーは小房に分ける。

2 フライパンに半量のごま油を中火で熱し、ブロッコリーを3分ほど転がしながら焼きつけ、器に盛る。

3 空いたフライパンに残りのごま油を入れ、ひき肉、しょうが、にんにくを炒める。肉の色が完全に変わったらAを順次入れ、水で溶いた片栗粉を入れて混ぜる。軽く煮て、2にかける。

フライパンに入れたら、蒸し焼きにするだけ

カレー風味の豚ひき肉とブロッコリー

超時短 約10Min ／ 約1～2日間 冷蔵保存可

材料（2人分）

	豚ひき肉	**150g**
	ブロッコリー	**1/2株**
	オリーブオイル	大さじ1
	塩	小さじ1
	カレー粉	小さじ1と1/2
A	水	大さじ2
A	酒	大さじ1
A	顆粒スープの素	小さじ1

作り方

1 ひき肉にカレー粉と塩をもみ込む。ブロッコリーは小房に分ける。Aは混ぜ合わせる。

2 フライパンにオリーブオイルを入れ、ブロッコリーを入れて、ひき肉をところどころに散らし入れる。Aを混ぜてから回し入れ、ふたをして2～3分、弱めの中火で蒸し焼きにする。

POINT 下味をつけたひき肉は、指先で少しずつつまんでフライパンに。きれいに丸めなくてOK。

あっさりした鶏ひき肉に塩味がぴったり

鶏ひきの塩とろみ炒め

超時短 約10Min

材料（2人分）

鶏ひき肉……150g
ブロッコリー……1/2株
サラダ油……大さじ1/2
水……大さじ1
A
- 水……1/3カップ
- 顆粒鶏がらスープの素・片栗粉……各小さじ1/2
- 塩……小さじ1/4
- こしょう……少々

作り方

1 ブロッコリーは小房に分ける。Aは混ぜ合わせる。

2 フライパンに油を中火で熱し、ひき肉をポロポロにせず、ひと口大のかたまりにして崩さないように焼きつける。肉の色が変わったらブロッコリーを加えて軽く炒め、水を入れてふたをし、弱火で3分～3分半蒸し焼きにする。

3 ブロッコリーがややしんなりしたら、Aをもう一度混ぜてから加えて炒め、とろみがついたら火を止め、器に盛る。

POINT ひき肉をフライパンに入れたら、ある程度焼きかたまるまで、さわりすぎないのがコツ。

香りのいい粒マスタードで炒めて

豚ひき肉のマスタード炒め

超時短 約10Min

材料（2人分）

豚ひき肉……150g
ブロッコリー……1/2株
まいたけ……1/2パック
サラダ油……大さじ1
酒……大さじ1
A
- 中濃ソース……大さじ1と1/2
- 酒……大さじ1
- 粒マスタード……大さじ1/2

作り方

1 ブロッコリーはなるべく小さめの小房に分ける。まいたけはほぐす。Aは混ぜ合わせる。

2 フライパンに油を中火で熱し、ひき肉をポロポロにせず、ひと口大のかたまりを崩さないように焼きつける。ブロッコリーとまいたけを加えて軽く炒め、酒を入れてふたをし、弱火で1～2分蒸し焼きにする。

3 Aを回し入れ、サッと炒め合わせる。

レモンバター風味のひき肉がキャベツに合う！

焼きキャベツのひき肉レモンバター

時短 約15Min

材料（2人分）

合いびき肉……………………150g
キャベツ……………………1/4個
サラダ油……………………大さじ1
バター……………………大さじ2
A［レモン汁……………………大さじ2
　 塩……………………小さじ1/3

作り方

1 キャベツは2等分のくし形切りにする。

2 フライパンに半量の油を入れ、キャベツを並べ入れる。中火にかけ、両面に焼き色がついたら弱火にし、さらに3～4分焼いて器に盛る。

3 フライパンに残りの油を足してひき肉を入れ、色が変わるまで粗めにほぐしながら炒める。バターを入れて溶けてきたら、Aを加えて炒め合わせる。2のキャベツにかける。

＼キャベツは大きめに切って食べごたえを！／

子どもから大人まで大好きな味!

豚だんごとキャベツのキムチ煮

超時短 約10Min ｜ 約1～2日間 冷蔵保存可

材料(2人分)

豚ひき肉……150g
キャベツの葉……大3～4枚
キムチ……80g
ごま油……大さじ1
水……2/3カップ
顆粒鶏がらスープの素……小さじ1/2
A
- 酒……大さじ2
- 片栗粉……大さじ1
- おろししょうが(チューブ)……3～4cm分

B
- 酒……大さじ1と1/2
- しょうゆ……大さじ1

作り方

1. ボウルにひき肉を入れ、Aを加えてよく練る。キャベツは大きめのざく切りにする。キムチは大きければ食べやすく切る。
2. 鍋にごま油を中火で熱し、1のひき肉をひと口大にまとめながら入れる。水、顆粒鶏がらスープの素、キャベツ、キムチを加え、ふたをして2～3分煮る。さらにBを加えて1～2分煮る。

豆乳でまろやかに煮て、アクセントにラー油！

豆腐とキャベツの担々煮

超時短 約10Min

材料（2人分）

豚ひき肉……150g
キャベツの葉……大3枚
木綿豆腐……1/3丁
ごま油……大さじ1/2
おろししょうが（チューブ）……4〜5cm分
A
　白すりごま……大さじ1と1/2
　しょうゆ……大さじ1
　顆粒鶏がらスープの素……小さじ1
　酒……大さじ2
豆乳（無調整）……1/2カップ
ラー油（好みで）……小さじ1

作り方

1 豆腐はキッチンペーパーで包んで軽く水切りをする。キャベツは小さめのざく切りにする。

2 フライパンにごま油を中火で熱し、ひき肉、しょうがを入れて炒める。肉の色が完全に変わったら、キャベツも炒め合わせ、Aを加えてふたをし、弱火で3分ほど蒸し煮にする。

3 豆乳も加えて少し煮たら、豆腐を食べやすい大きさにちぎって加える。火を少し強くして1分ほど煮て、好みでラー油をふる。

パンを添えて朝食やブランチにも！

キャベツのひき肉エッグのせ

超時短 約10Min

材料（2人分）

合いびき肉……150g
キャベツの葉……大3〜4枚
卵……2個
サラダ油……大さじ1
塩・こしょう……各少々
A［中濃ソース……大さじ1と1/2
　 トマトケチャップ……大さじ1

作り方

1 キャベツは太めのせん切りにして、器に盛る。卵は溶いて、塩、こしょうを混ぜる。

2 フライパンに半量の油を中火で熱し、1の卵を一気に流し入れ、ふんわりとしたらすぐにとり出す。

3 空いたフライパンに残りの油を加え、ひき肉を炒める。肉の色が変わったら、Aを加えて炒め合わせる。2を戻し入れてざっと混ぜ、1のキャベツにのせる。

POINT 切ったキャベツは塩少々（分量外）でもんでおくと食べやすい。やわらかいキャベツはそのままでも。

白だしとしょうがのやさしい味つけ

ひき肉キャベツのとろみ煮びたし

超時短 約10Min ／ 約1〜2日間 冷蔵保存可

材料（2人分）

鶏ひき肉（もも）……200g
キャベツの葉……大3枚
えのき……1/2袋
ごま油……大さじ1/2
A［白だし……大さじ2と1/2
　 水……2/3カップ
　 おろししょうが（チューブ）……3〜4cm分

●水溶き片栗粉
片栗粉・水……各小さじ1

作り方

1 キャベツはざく切りにする。えのきは石づきを除いて長さを半分に切る。

2 フライパンにごま油を入れ、ひき肉をかたまりが残るように粗めにほぐしながら炒める。キャベツとAを加え、煮立ったらえのきも加える。ときどき混ぜながら3分ほど煮て、水で溶いた片栗粉を回し入れ、とろみがついたら火を止める。

ひき肉にもソースにも、にんじんたっぷり

キャロットハンバーグ

約1～2日間
冷蔵保存可

材料（2人分）

合いびき肉……………………200g
にんじん……………………中1本
溶き卵……………………$\frac{1}{2}$個分
サラダ油……………………大さじ1
塩……………………小さじ$\frac{1}{4}$
こしょう……………………少々
ポン酢しょうゆ……………………大さじ2

作り方

1 にんじんを半分はすりおろし、残りはせん切りにする。

2 ボウルにひき肉を入れ、溶き卵、塩、こしょうを練り混ぜる。すりおろしたにんじんを加え、かき混ぜるようによく練る。$\frac{1}{2}$量ずつ小判形にまとめる。

3 フライパンに油を中火で熱し、2を弱めの中火で1分焼き、上下を返してふたをし、弱火で7～8分焼く。竹串を刺して透明な汁が出てきたら火を止め、皿に盛る。

4 フライパンをキッチンペーパーでふいて、にんじんを炒める。しんなりしたらポン酢しょうゆを加えて炒め、3にかける。

ケチャ＋コチュジャンが味のベース

豚ひきとにんじんの韓国だれ炒め

超時短 約10Min

約1～2日間 冷蔵保存可

材料（2人分）

豚ひき肉……………………150g

にんじん……………………小1本

ごま油……………………大さじ1/2

水……………………大さじ2

A
- 白すりごま・酒・トマトケチャップ…各大さじ1
- コチュジャン・砂糖・ごま油……………………各小さじ1

作り方

1 にんじんは4～5cm長さの細めの棒状に切る。Aは混ぜ合わせる。

2 フライパンにごま油を中火で熱し、ひき肉をポロポロにならないように粗めにほぐしながら炒める。肉の色が変わってきたら、にんじんを加えて炒め合わせる。水を入れてふたをし、弱火で2分蒸し焼きにする。

3 火を強くしてAを加え、大きく炒め合わせる。

皮で包まない＆レンチンだから簡単！

にんじんシューマイ

超時短 約10Min

材料（2人分）

豚ひき肉……………………100g

にんじん………小1/2本（約60g）

薄力粉……………………大さじ1/2

A
- 酒・水・おろししょうが（チューブ）………各大さじ1
- しょうゆ・ごま油…各小さじ1
- 塩……………………少々

B
- からし・しょうゆ・酢……………………各適宜

作り方

1 にんじんは細切りにし、薄力粉をふって混ぜる。

2 ボウルにひき肉を入れ、Aと1のにんじんを加えて、粘りけが出るまでよく練る。

3 耐熱皿に2を1/8量ずつ丸めながらのせる。ラップをふんわりとかけて電子レンジ（600W）で3分加熱する。Bを混ぜたたれを添える。

家にある調味料で手軽にデミ味風！

ひき肉にんじんデミ炒め

超時短 約10Min ／ 約1~2日間 冷蔵保存可

材料（2人分）

合いびき肉……150g
にんじん……中2/3本
サラダ油……大さじ1/2
水……大さじ2
A
- トマトケチャップ……大さじ1と1/2
- 中濃ソース・酒……各大さじ1
- 顆粒スープの素……小さじ1/3

作り方

1. にんじんは太めのせん切りにする。Aは混ぜ合わせる。
2. フライパンに油を中火で熱してひき肉を入れ、色が変わるまで炒めたらにんじんを加え、炒め合わせる。水を入れてふたをし、弱火で5分蒸し煮にする。
3. ふたをとって火を強め、水分を飛ばすように炒める。Aを入れ、手早く炒め合わせる。

ピーラーで薄くそいだにんじんが新食感

ひき肉にんじん カレークリーム煮

超時短 約15Min ／ 約1~2日間 冷蔵保存可

材料（2人分）

合いびき肉……150g
にんじん……小1本
玉ねぎ……1/4個
サラダ油……大さじ1/2
水・牛乳……各1/2カップ
薄力粉……大さじ1
カレー粉……小さじ1/2
顆粒スープの素……小さじ1/3
塩……小さじ1/3
こしょう……少々

作り方

1. にんじんはピーラーで薄くそぐ。玉ねぎは薄切りにする。
2. フライパンに油を熱し、ひき肉、玉ねぎを炒める。薄力粉、カレー粉を加え、粉っぽさがなくなるまで炒め合わせたら、水、顆粒スープの素、にんじんを加える。ふたをして、弱めの中火で5分蒸し煮にする。
3. 牛乳を加えて、さらに2～3分煮る。塩、こしょうで味を調える。

焼いて甘みが出た玉ねぎが主役！

玉ねぎの肉はさみ照り焼き

時短 約15Min

材料（2人分）

豚ひき肉……150g
玉ねぎ……1と$\frac{1}{2}$個
サラダ油……大さじ$\frac{1}{2}$
薄力粉……少々
酒……大さじ1と$\frac{1}{2}$
おろししょうが（チューブ）3～4㎝分
A しょうゆ……大さじ1と$\frac{1}{2}$
A みりん……大さじ1
A 砂糖……大さじ$\frac{1}{2}$
七味唐辛子……少々

作り方

1 玉ねぎは5～6㎜厚さの輪切りを8枚作り、片面に薄力粉を薄くはたきつける。ボウルにひき肉、酒、しょうがを入れて混ぜ合わせる。

2 玉ねぎ2枚の粉をつけた面で、1の肉だねの$\frac{1}{4}$量を押しつけるようにはさむ。これを4個作る。

3 フライパンに油を入れ、2を並べ入れる。中火にかけ、両面にやや焦げ目がつくくらいまで焼きつけたら、ふたをして弱火で6分30秒蒸し焼きにする。ふたをとり、キッチンペーパーで水けをふきとり、火を強くしてAを回し入れてからめながら照りを出す。器に盛り、七味唐辛子をふる。

玉ねぎは火を通しすぎず、歯ざわりを残して

豚ひきと玉ねぎのピリ辛炒めびたし

超時短 約10Min ／ 約2〜3日間 冷蔵保存可

材料(2人分)

豚ひき肉……150g
玉ねぎ……1個
サラダ油……大さじ1/2
A
- 水……1/2カップ
- めんつゆ(3倍濃縮)……大さじ1と1/2
- 赤唐辛子(小口切り)……1本分
- ごま油……少々

作り方

1 玉ねぎは8等分に切り、1枚ずつはがしておく。Aはバットなどに混ぜ合わせる。

2 フライパンに油を中火で熱し、ひき肉を色が変わるまで炒めたら、玉ねぎを加えて炒め合わせ、火を止める。ふたをして3分、余熱で蒸し、Aに入れてなじませる。

鶏もものひき肉を使うとふっくら美味！

W玉ねぎ入りチーズつくね

時短 約15Min

材料(2人分)

鶏ひき肉……200g
玉ねぎ……1/4個
サラダ油……大さじ1/2
A
- 玉ねぎ(すりおろし)……1/4個分
- しょうが(チューブ)……3〜4cm分
- 酒……大さじ1
- 片栗粉……小さじ1
- こしょう……少々

焼きのり(全形)……1/2枚
ピザ用チーズ……40〜50g
B
- しょうゆ・ウスターソース……各大さじ1/2

作り方

1 玉ねぎはみじん切りにする。ボウルにひき肉とAを入れ、ややねっとりするくらいまで練り混ぜたら、玉ねぎを加えてしっかり混ぜる。

2 フライパンに油を入れ、1の肉だねを1/4量ずつ平たい円形にまとめて並べ、中火にかける。2〜3分焼いて底面に焼き色がついたら、上下を返してふたをし、弱火で4分蒸し焼きにする。

3 4等分してつくねのサイズに切ったのりとチーズ1/4量を、2のそれぞれにのせ、さらにふたをして熱し、チーズが溶けたら器に盛る。Bを混ぜ合わせてかける。

鶏もものひき肉を使うと、よりコクが出ます

鶏ひきと玉ねぎの和風スープ煮

時短 約15Min　約1〜2日間 冷蔵保存可

材料（2人分）

鶏ひき肉	**100g**
玉ねぎ	**大1個**
ごま油	大さじ1
水	2カップ
酒	大さじ1
おろししょうが（チューブ）	3〜4㎝分
塩	小さじ1/4
しょうゆ	少々

作り方

1 玉ねぎは4等分のくし形切りにする。

2 鍋にごま油を入れて中火にかけ、ひき肉をほぐしすぎないようにざっくり炒める。

3 水、酒、玉ねぎを入れて煮立て、アクをとる。少しずらすようにふたをして、弱めの中火で10分煮る。しょうがを加え、塩、しょうゆで味を調える。

ミニマム食材の、揚げない簡単酢豚です

玉ねぎ酢豚

超時短 約10Min

材料（2人分）

豚ひき肉	**150g**
玉ねぎ	**1個**
ごま油	大さじ1
酒	大さじ2
A 水	1/3カップ
A トマトケチャップ	大さじ1と1/2
A しょうゆ	大さじ1
A 砂糖・酢	各大さじ1/2
A 片栗粉	小さじ1

作り方

1 玉ねぎは6等分のくし形切りにし、ざっくりはがしておく。Aは混ぜ合わせる。

2 フライパンにごま油を入れ、ひき肉を炒める。肉の色が変わったら、玉ねぎを加えて炒め合わせ、酒を入れてふたをし、弱めの中火で2〜3分蒸し焼きにする。

3 Aをもう一度よく混ぜてから加え、火を強くして1〜2分煮る。最後にごま油少々（分量外）をふる。

パンを添えたり、お酒のおつまみにも◎

じゃがいものチーズ風味ガレット

材料（2人分）

豚ひき肉……100g
じゃがいも……小2個
サラダ油……大さじ1
塩……適量
こしょう……少々
ピザ用チーズ……20g
薄力粉……大さじ2と$\frac{1}{2}$
水……大さじ1

作り方

1 じゃがいもは皮をむいて細めのせん切りにする（スライサーを使ってもよい）。

2 フライパンに大さじ$\frac{1}{2}$の油を入れ、ひき肉を色が変わるまで炒め、塩少々、こしょうをふる。

3 ボウルにじゃがいも、チーズ、2のひき肉を入れ、塩少々、薄力粉を全体にふり、水をふってよく混ぜ合わせる。

4 フライパンに大さじ$\frac{1}{4}$の油を弱めの中火で熱し、3を$\frac{1}{4}$量ずつ2か所に離して入れ、直径5cmくらいに広げる。5分ほど焼き、上下を返してさらに5分ほど焼く。同様にもう2枚焼く。

POINT じゃがいもは水にさらさない。でんぷんの効果で形をまとめる。

もっちり生地にひき肉とじゃがいもたっぷり

じゃがいもチヂミ

時短 約15Min　約1～2日間 冷蔵保存可

材料（2人分）

豚ひき肉……120g
じゃがいも……中2個
卵……1個
ごま油……大さじ1
水……1/2カップ
薄力粉……大さじ2
片栗粉……大さじ6
塩……少々
白いりごま・コチュジャン……各少々

作り方

1 じゃがいもは、1個はすりおろし、もう1個はごく薄い半月切りにして水にさらし、水けをきる。

2 ボウルに卵と分量の水を入れてよく溶き、1のすりおろしたじゃがいもを汁ごと入れ、薄力粉、片栗粉、塩を入れてよく混ぜる。半月切りにしたじゃがいも、ひき肉も加えて混ぜ合わせる。

3 フライパンにごま油を中火で熱し、2の生地を流し入れて薄く広げ、弱火で4分焼く。上下を返して押さえつけながら、さらに4分焼く。食べやすく切って器に盛り、ごまとコチュジャンをのせる。

生キャベツにのせておかずサラダ風

じゃがいもの オイスター肉だれ

時短 約15Min

材料（2人分）

豚ひき肉……150g
じゃがいも……中2個
キャベツの葉……大2枚
サラダ油……大さじ1/2
水……大さじ2
A 酒・オイスターソース……各大さじ1
A 砂糖・ごま油……各小さじ1

作り方

1 キャベツは太めのせん切りにし、器に盛る。

2 じゃがいもは皮をむいて4～5mm厚さの半月切りにし、水にサッとさらして水けをきる。フライパンに入れ、水を入れてふたをし、弱めの中火で4分蒸し煮にし、1のキャベツの上にのせる。

3 空いたフライパンをサッとふき、油を入れてひき肉を炒める。肉の色が完全に変わるまで炒めたら、Aを加えてからませ、2にかける。

手間なしベシャメルソース風

ポテトのミルクチーズ煮

時短 約15Min

材料（2人分）

豚ひき肉……………………**100g**
じゃがいも…………………**中2個**
玉ねぎ……………………………1/4個
バター………………………大さじ1
薄力粉……………………大さじ1と1/2
水…………………………2/3カップ
牛乳………………………1/3カップ
顆粒スープの素……………小さじ1
塩……………………………小さじ1
粗びき黒こしょう……………適宜
ピザ用チーズ…………………60g

作り方

1 じゃがいもは皮をむいて3〜4㎜厚さの半月切りにし、水にサッとさらし、水けをきる。玉ねぎは薄いくし形切りにする。

2 フライパンにバターを中火で熱し、玉ねぎを炒める。しんなりしたらひき肉を加えて炒め、色がほとんど変わったら薄力粉をふり入れ、粉っぽさがなくなるまで炒める。水、顆粒スープの素、じゃがいもを加えてふたをし、弱火で6分蒸し煮にする。牛乳を加えて1分煮たらチーズをのせ、塩で味を調えて火を止める。

3 器に2を盛り、黒こしょうをふる。

スパイスが食欲をそそる変わり肉じゃが

つゆだくカレー肉じゃが

超時短 約10Min　約1〜2日間 冷蔵保存可

材料（2人分）

鶏ひき肉……………………**150g**
じゃがいも…………………**中2個**
キャベツの葉………………大2枚
サラダ油…………………大さじ1/2
だし汁……………………2/3カップ
A 酒…………………………大さじ1
A しょうゆ………………大さじ1/2
A カレー粉………………小さじ1
A 砂糖……………………………少々

作り方

1 じゃがいもは皮をむいて7〜8㎜厚さに食べやすく切り、水にサッとさらして水けをきる。キャベツはざく切りにする。

2 フライパンに油を中火で熱し、ひき肉を粗くほぐしながら炒める。色が変わったらじゃがいも、キャベツを加えて炒め合わせる。全体に油が回ったら、だし汁を加えて強火にし、煮立てる。中火にしてアクをとり、落としぶたをして5〜6分煮る。Aを加え、煮汁が1/3量ほどになるまで煮る。

POINT ひき肉はほぐしすぎず、かたまりを残すように焼きつけながら炒めて。

節約食材でご飯がすすむ簡単おかず！

鶏ひきもやしのピリ辛みそ炒め

超時短 約10Min

材料（2人分）

- **鶏ひき肉**……100g
- **もやし**……$1/2$袋
- えのき……$1/2$袋（50g）
- ごま油……大さじ1
- 水……大さじ2
- A
  - 酒……大さじ1と$1/2$
  - みそ……大さじ1と$1/3$
  - 砂糖……大さじ$2/3$
  - 豆板醤……小さじ$1/3$～$2/3$

作り方

1. えのきは石づきを除いて2等分に切る。Aは混ぜ合わせる。
2. フライパンにごま油を中火で熱し、ひき肉を入れてかたまりが残るようにざっくり炒め、色が変わったらもやしを加えて炒める。水とえのきも加えて少し煮たら、Aを入れて炒める。

味つけはオイスターにマヨを加えてまろやかに

豚ひきともやしのオイマヨ卵炒め

超時短 約10Min

材料（2人分）

豚ひき肉……100g
もやし……1袋
卵……2個
ごま油……大さじ1
塩・こしょう……各少々
A ┌ マヨネーズ……大さじ2
　└ オイスターソース……大さじ$\frac{1}{2}$

作り方

1 卵は溶きほぐし、塩、こしょうを加えて混ぜる。Aは混ぜ合わせる。

2 フライパンに半量のごま油を中火で熱し、1の卵液を入れて大きくかき混ぜ、ふんわりと半熟状になったらすぐにとり出す。

3 空いたフライパンに残りのごま油を中火で熱し、ひき肉を炒める。肉の色が変わったらAを入れて炒め、もやしを加えて炒め合わせる。もやしが少ししんなりしたら2の卵を戻し入れ、サッと炒め合わせる。

ケチャップ味のマリネ液がもやしに合う

ひき肉ともやしのおかずマリネ

超時短 約10Min
約1～2日間 冷蔵保存可

材料（2人分）

合いびき肉……120g
もやし……1袋
トマト……1個
サラダ油……小さじ1
A ┌ オリーブオイル 大さじ2と$\frac{1}{2}$
　│ 酢……大さじ2
　│ トマトケチャップ……大さじ1と$\frac{1}{2}$
　└ 砂糖……小さじ2

作り方

1 Aはバットなどに混ぜ合わせ、ひと口大に切ったトマトを入れておく。

2 フライパンに油を中火で熱し、ひき肉を入れ、ポロポロにほぐさず、かたまりを残すようにざっくりと炒める。肉の色が変わったら、もやしを加え、ふたをして弱火で2～3分蒸し焼きにする。

3 1に、汁けを入れないように2を入れ、混ぜる。

POINT ひき肉は、ある程度焼きかたまるまでさわらずにサッと炒めるのがコツ。

ビッグ肉団子はレンチンで一気蒸し！

豚もやしのレンジ蒸し中華あんかけ

超時短 約10Min

材料（2人分）

- **豚ひき肉**……200g
- **もやし**……1袋（200g）
- A
  - 片栗粉・酒……各大さじ1
  - ごま油……大さじ½
  - 顆粒鶏がらスープの素……小さじ½

●**中華あん**

- 水……⅔カップ
- トマトケチャップ……大さじ2
- 砂糖……小さじ2
- しょうゆ……小さじ1
- 片栗粉……小さじ½

作り方

1 ひき肉にAを入れてよく練り混ぜ、もやしを加えてなじませる。

2 直径18～20cmの耐熱皿に1を入れ、周りに少しすき間を作りながら平らに広げ、ラップをふんわりとかけて電子レンジ（600W）で5分加熱し、中まで火を通す。

3 フライパンに、中華あんの材料を入れてよく混ぜ合わせ、弱火にかけて少し煮て、とろりとしたら2にかける。

卵黄をからめると、まろやかに味変！

豚ひきともやしの酢にんにく炒め

超時短 約10Min

材料（2人分）

- **豚ひき肉**……150g
- **もやし**……1袋
- ごま油……大さじ1
- A
  - 酢……大さじ1と½
  - 酒・しょうゆ……各大さじ1
  - 砂糖・顆粒鶏がらスープの素……各小さじ1
- おろしにんにく（チューブ）……2～3cm分
- 卵黄……1個分
- 白いりごま……少々

作り方

1 Aは混ぜ合わせる。

2 フライパンにごま油とにんにくを入れ、ひき肉を入れて色が変わるまで炒める。もやしを加えて炒め合わせ、ふたをして弱めの中火で1分ほど蒸し焼きにしたら、Aを加えて炒め合わせる。器に盛り、卵黄をのせ、ごまをふる。

梅の酸味がさっぱりとアクセントに！

ひき肉ときのこの梅風味煮

超時短 約10Min
約1~2日間 冷蔵保存可

材料（2人分）

- **豚ひき肉** …… **150g**
- **えのき** …… **1袋**
- サラダ油 …… 大さじ$\frac{1}{2}$
- 梅干し …… 大1個
- だし汁 …… $\frac{2}{3}$カップ
- A
  - 酒 …… 大さじ1
  - しょうゆ …… 小さじ1
  - 砂糖 …… 小さじ$\frac{1}{2}$

作り方

1 えのきは石づきを除いて長さを2等分にする。梅干しは種を除き、小さくちぎっておく。

2 フライパンに油を中火で熱し、ひき肉を炒める。肉の色が完全に変わったら、だし汁を加えて煮立て、アクをとり、えのきを加える。Aと1の梅干しを加え、落としぶたをして、弱めの中火で4分ほど煮る。

POINT ▸ 梅干しは甘くないものがおすすめ。

やわらか肉だんごの中にえのきがシャキッ！

えのきつくねのピリ辛ポン酢

超時短 約10Min　約1～2日間 冷蔵保存可

材料（2人分）

鶏ひき肉……200g
えのき……1/2袋
サラダ油……大さじ1
A
- 酒・片栗粉……各小さじ1
- 溶き卵……1/2個分
- 塩・こしょう……各少々
- おろししょうが（チューブ）……3cm分

B
- ポン酢しょうゆ……大さじ2
- 一味唐辛子……小さじ1/3

キャベツの葉……大1枚

POINT 鶏ひき肉は、できればももを用いると、よりふっくら仕上がる。

作り方

1 えのきは石づきを除いて小口切りにする。
2 ボウルにひき肉を入れ、Aを加えて混ぜ、ややねっとりするまで練り混ぜる。1を加え、さらに混ぜる。1/6量ずつ平たく丸める。
3 フライパンに油を中火で熱し、2を並べて両面に焼き色をつける。弱火にしてふたをし、2分ほど蒸し焼きにする。器に盛ってちぎったキャベツを添え、混ぜ合わせたBをつけていただく。

ピリ辛だれがしみて、あと引くおいしさ

まいたけと鶏ひきの南蛮漬け

超時短 約10Min　約2～3日間 冷蔵保存可

材料（2人分）

鶏ひき肉……150g
まいたけ……1パック（100g）
ごま油……大さじ1/2
A
- 白だし・水……各大さじ2
- 酢……大さじ1
- 砂糖……小さじ1と1/2
- 赤唐辛子（小口切り）……1本分

作り方

1 まいたけは食べやすくほぐす。Aは大きめのボウルに混ぜ合わせる。
2 フライパンにごま油を中火で熱してひき肉を入れ、かたまりを残すようにざっくりと炒める。肉の色が変わったら、まいたけも加えてサッと炒め合わせ、ふたをして弱めの中火で2～3分蒸し焼きにする。
3 2を1のボウルに入れて混ぜ合わせ、味をなじませる。

作りおきすると重宝。ご飯にのせても

きのこ入りチャプチェ風

超時短 約10Min ｜ 約2～3日間 冷蔵保存可

材料（2人分）

- **合いびき肉**……120g
- **しめじ**……1パック
- **えのき**……1袋
- にんじん……1/3本
- 春雨（ショートタイプ）……30g
- ごま油……大さじ1
- おろしにんにく（チューブ）……3～4cm分
- A
  - 水……1/2カップ
  - めんつゆ（3倍濃縮）……大さじ2と1/2
  - コチュジャン……小さじ1
- 白いりごま……少々

作り方

1 しめじは石づきを除いてほぐす。えのきは石づきを除いて長さを半分に切る。にんじんは細めのせん切りにする。ボウルにAを混ぜ合わせる。

2 フライパンにごま油を中火で熱し、にんにく、ひき肉を入れて炒める。肉の色が変わったら、にんじんを入れて1～2分炒め、きのこ類を加えてざっと炒める。Aと春雨を入れてふたをし、弱めの中火で2分煮る。ふたをとり、少し煮詰め、器に盛ってごまをふる。

身近な調味料で簡単。食べ飽きない絶品おかず

ひき肉ときのこの甘酢煮

超時短 約10Min ｜ 約1～2日間 冷蔵保存可

材料（2人分）

- **豚ひき肉**……150g
- **まいたけ**……1パック
- 玉ねぎ……1/4個
- サラダ油……大さじ1/2
- だし汁……2/3カップ
- A
  - しょうゆ……大さじ1と1/3
  - 酒……大さじ1/2
  - 砂糖……小さじ1
- 酢……大さじ1

作り方

1 玉ねぎは2～3cm幅のくし形切りにする。まいたけは食べやすくほぐす。

2 フライパンに油を中火で熱してひき肉を入れ、かたまりを残すようにざっくりと炒める。肉の色が変わったら、だし汁を入れて煮立たせる。玉ねぎ、まいたけも入れて再び煮立て、Aを入れて3分ほど煮る。酢を入れて、すぐに火を止める。

卵

卵で食べごたえ＆おいしさ満点おかず！

マヨマスタードの味つけがめちゃうま！

ツナトマ卵

超時短 約10Min

材料（2〜3人分）

- **卵**……4個
- **トマト**……中2個
- ツナ缶（油漬け）……1缶（70g）
- オリーブオイル……大さじ1と1/2
- 塩・こしょう……各少々
- A［マヨネーズ……大さじ1と1/2
- 　 粒マスタード……小さじ1

作り方

1. トマトはひと口大の乱切りにする。卵は溶いて、塩、こしょうを混ぜる。Aは混ぜ合わせる。
2. フライパンにオリーブオイルの半量を強めの中火で熱し、1の卵液を一気に流し入れて大きく混ぜ、ふんわりと火が通ったらすぐにとり出す。
3. 空いたフライパンに残りのオリーブオイルを熱し、トマトと汁けをきったツナを入れてサッと炒め、Aを入れて混ぜ、2を戻し入れて手早く炒め合わせる。

＼卵はふ〜んわり仕上げて／

トマトの甘めとろみあんがサイコー！

半月卵のトマトあん

超時短 約10Min

材料（2人分）

卵……………………………………**4個**
トマト…………………………**中1個**
サラダ油……………………………大さじ1
A
- 水……………………………$\frac{1}{3}$カップ
- 砂糖・しょうゆ……………各小さじ1
- 塩………………………………少々

●**水溶き片栗粉**
片栗粉・水……………………各小さじ$\frac{1}{2}$

作り方

1 トマトは小さめのざく切りにする。

2 フライパンに油を熱し、卵を割り入れて目玉焼きを焼くように中火で焼き、白身がある程度固まってきたらフライ返しでそれぞれ二つ折りにする。少し焼いて、器に盛る。

3 小鍋にAとトマトを入れて煮立て、1〜2分煮る。水で溶いた片栗粉を加えてとろみをつけ、2にかける。

トマト＋キムチがあと引くおいしさ！

キムチトマトの卵とじ

超時短 約10Min

材料（2人分）

卵	**2個**
トマト	**中1個**
キムチ	50〜60g
ごま油	小さじ1
A 水	1/3カップ
A 顆粒鶏がらスープの素	小さじ1/2
しょうゆ	小さじ1

作り方

1 キムチは食べやすく切る。トマトは8等分のくし形切りにする。

2 フライパンにごま油を熱し、キムチをサッと炒め、Aとトマトを入れる。少し煮てしょうゆを入れ、溶いた卵を流し入れる。大きく混ぜ、卵にふんわりと火が通ったら、火を止める。

POINT キムチは辛さによって量の加減を。

油を使わずヘルシーな、軽めのメインおかずです

ブロッコリーと落とし卵のスープ煮

超時短 約10Min

材料（2人分）

卵……4個
ブロッコリー……小1株
水……1カップ
顆粒スープの素……小さじ1/2
塩……少々
粗びき黒こしょう・粉チーズ……各適量

作り方

1 ブロッコリーは小房に分けてフライパンに入れ、水、顆粒スープの素も加えて火にかける。煮立ったら、ふたをして中火で2分ほど煮て、塩で味を調える。

2 間を空けて卵を割り落とし、ふたをして弱めの中火で1～2分煮る。卵が好みの固さになったら器に盛り、黒こしょうと粉チーズをふる。

缶詰利用で簡単＆食べごたえ満点！

オープンオムレツ オーロラソース

時短 約15Min ｜ 約1～2日間 冷蔵保存可

材料（2人分）

卵……………………………**4個**
ブロッコリー……**1/4株（約60g）**
ミックスビーンズ… 1パック（50g）
オリーブオイル…………大さじ1
塩・こしょう……………各少々
A［マヨネーズ…………大さじ2
　 トマトケチャップ……大さじ1

作り方

1 ブロッコリーは小さめのひと口大に切り、耐熱容器に入れてラップをふんわりとかけて電子レンジ（600W）で1分加熱する。

2 卵は大きめのボウルに溶いて塩、こしょうを入れて混ぜ、1とミックスビーンズも加えて混ぜ合わせる。

3 直径18～20㎝のフライパンにオリーブオイルを中火で熱し、2を一気に流し入れ、手早く混ぜる。卵がふんわりとしたらふたをし、弱火で3～4分蒸し焼きにし、皿に盛り、混ぜ合わせたAをかける。

フライパン1つでチャチャッと手早く完成！

卵とブロッコリーのオイスター炒め

超時短 約10Min

材料（2人分）

卵……………………………**2個**
ブロッコリー……………**小1株**
サラダ油………………大さじ1/2
水…………………………1/4カップ
塩・こしょう……………各少々
A［酒・オイスターソース
　 ……………………各大さじ1
　 砂糖……………………大さじ1/2
　 しょうゆ………………小さじ1

作り方

1 ブロッコリーは小さめの小房に分ける。卵は溶いて、塩、こしょうを入れて混ぜる。Aは混ぜ合わせる。

2 フライパンに油を中火で熱し、1の卵液を一気に流し入れて大きく混ぜ、ややふんわりとしてきたらとり出す。

3 空いたフライパンにブロッコリーと水を入れてふたをし、弱めの中火で3～4分蒸し煮にする。水けをキッチンペーパーでふきとり、火を強くしてAを回し入れて炒め、2も戻し入れてサッと混ぜる。

POINT ブロッコリーに火が通ったら、フライパンに残った余分な水けをよくふきとると、仕上がりが水っぽくならない。

＼パンにはさんでもおいしい！／

卵にピザ用チーズを混ぜてコクをプラス

キャベツとツナのキッシュ

超時短 約10Min ｜ 約1～2日間 冷蔵保存可

材料（2人分）

- **卵**……2個
- **キャベツの葉**……大1枚
- ツナ缶（油漬け）……1缶（70g）
- サラダ油……大さじ1＋小さじ1
- 塩・こしょう……各少々
- ピザ用チーズ……40g
- 粗びき黒こしょう……少々

作り方

1 キャベツはやや太めのせん切りにする。直径18～20㎝のフライパンにサラダ油小さじ1を熱してキャベツを炒め、塩、こしょうをふる。

2 卵を溶いて、汁けをきったツナ、チーズ、1を入れて混ぜ合わせる。空いたフライパンをサッとふいてサラダ油大さじ1を中火で熱し、卵液を一気に流し入れ、ふたをして火を少し弱め、2分ほど焼く。上下を返し、さらに2分ほど焼いて皿に盛り、黒こしょうをふって食べやすく切り分ける。

「お肉が足りない～」なら、卵でかさ増し！

卵ホイコーロー

超時短 約10Min

材料（2人分）

卵……………………………**2個**
キャベツの葉………………**大2枚**
豚バラ薄切り肉………………80g
サラダ油………………………大さじ1
A
- 酒・しょうゆ・みそ…………各大さじ1
- 砂糖…………………………大さじ1/2
- 豆板醤…………………小さじ1/4~1/3

作り方

1 豚肉は3cm幅に切る。キャベツは固い芯を除いてざく切りにする。Aは混ぜ合わせる。卵は溶いて、塩、こしょう各少々（分量外）を入れて混ぜる。

2 フライパンに半量の油を中火で熱し、1の卵液を一気に流し入れて大きく混ぜ、ふんわりとしたらとり出す。

3 空いたフライパンに残りの油を足して、豚肉を入れて炒め、色が変わってきたらキャベツを入れて炒め合わせる。キャベツがややしんなりしてきたらAを回し入れ、強火でサッと炒めたら2を戻し入れ、混ぜ合わせる。

簡単主菜にも、朝食にもぴったり

キャベツのバター炒め目玉焼きのせ

超時短 約10Min

材料（2人分）

卵……………………………**2個**
キャベツの葉………………**大4枚**
バター……………………大さじ1と1/2
サラダ油………………………小さじ1
塩・こしょう・粗びき黒こしょう……各少々

作り方

1 キャベツはざく切りにする。フライパンにバターを入れて中火にかけ、溶けてきたらキャベツを入れて1～2分炒める。塩、こしょうをふって混ぜ、皿に盛る。

2 空いたフライパンに油を入れ、卵を割り入れて好みの固さの目玉焼きを作り、1にのせる。黒こしょうをふる。

ビタミン、食物繊維豊富なヘルシーおかず

にんじんと切り干し大根のピリ辛卵炒め

約2～3日間
冷蔵保存可

材料（2人分）

卵……………………………………**2個**
にんじん………**小1本（約120g）**
切り干し大根…………………15g
ごま油………………………大さじ1
A［酒………………………大さじ1
豆板醤・顆粒鶏がらスープの素……………各小さじ1/2］

作り方

1 にんじんはせん切りにする。切り干し大根は耐熱ボウルで水（分量外）に15分漬けて戻し、水を少し捨てて、ラップをふんわりとかけて電子レンジ（600W）で4分加熱する。湯を捨て、粗熱がとれたら軽く絞り、Aを加えてよく混ぜ合わせる。

2 フライパンにごま油の半量を中火で熱し、溶いた卵を一気に流し入れて大きく混ぜ、ふんわりとしたらとり出す。

3 空いたフライパンに残りのごま油を入れ、1のにんじんと切り干し大根を中火で2～3分炒め、2を戻し入れてサッと混ぜる。

フライパンに卵液を入れたら、あとはほっとけ

にんじんの洋風まとめ焼き

超時短 約10Min
約1～2日間
冷蔵保存可

材料（2人分）

卵……………………………………**1個**
にんじん…………………**中2/3本**
サラダ油………………大さじ1/2
塩・こしょう………………各少々
粉チーズ…………………大さじ2

作り方

1 にんじんは細めのせん切りにする。卵は溶いて、塩、こしょうを入れて混ぜる。

2 小さめのフライパンに油を入れ、中火でにんじんを炒める。全体に油が回ったら、チーズを加えてサッと炒め、フライパン全体ににんじんを均等に広げる。

3 1の卵液を回し入れ、ふたをして3分蒸し焼きにし、皿に盛る。

チンしたにんじんをケチャ＋ソースで調味

デミ味にんじんのゆで卵のせ

超時短 約10Min

材料（2人分）

- **固ゆで卵** ……………… **2個**
- **にんじん** ……… **中2/3本（約100g）**
- A［トマトケチャップ …… 大さじ1
- 　　中濃ソース ………… 大さじ1/2
- 粗びき黒こしょう …………… 少々

作り方

1. にんじんはせん切りにし、耐熱ボウルに入れてラップをふんわりとかけ、電子レンジ（600W）で2分加熱する。Aを入れてよく混ぜ、皿に盛る。
2. ゆで卵は7〜8等分の薄い輪切りにし、1に並べてのせ、黒こしょうをふる。

フライパンごと食卓に。ごちそう感増大！

エッググラタン

時短 約15Min

材料（2人分）

- **固ゆで卵**……2個
- **玉ねぎ**……1/4個
- キャベツの葉……大1枚
- オリーブオイル……大さじ1
- 薄力粉……大さじ2
- 水……2/3カップ
- 牛乳……1/3カップ
- 顆粒スープの素……小さじ1/3
- 塩……小さじ1/4〜1/3
- こしょう……少々
- ピザ用チーズ……50g

作り方

1. 卵は1㎝幅の輪切りにし、キャベツは小さめのざく切り、玉ねぎは薄切りにする。
2. フライパンにオリーブオイルを中火で熱し、玉ねぎとキャベツを2分ほど炒め、しんなりしたら薄力粉をふり入れ、粉っぽさがなくなるまで炒める。
3. 水と顆粒スープの素を入れて煮立て、塩、こしょうで味を調えて弱火にし、牛乳とゆで卵を入れる。ふたをしないでときどき混ぜながら、3分ほどとろみがつくまで煮る。チーズを散らしてふたをし、弱火で2分蒸し煮にする。

味つけはめんつゆのみ。丼にしても！

玉ねぎたっぷり卵とじ

超時短 約10Min

材料（2人分）

卵……2個
玉ねぎ……1個
しめじ……1/2袋
水……1/2カップ
めんつゆ（3倍濃縮）……大さじ1

作り方

1 卵は溶きほぐす。玉ねぎは6等分のくし形切りにして、ざっくりとほぐす。しめじは石づきを除いてほぐす。

2 小さめのフライパンに水、めんつゆ、玉ねぎ、しめじを入れて、2分煮る。卵を流し入れ、火を少し強くして、卵にふんわりと火が通ったら火を止める。器に盛り、あれば粉山椒（分量外）をふる。

ひき肉と玉ねぎの具を薄焼き卵で包んで

昔ながらのオムレツ

材料（2人分）

卵……4個
玉ねぎ……小1 1/2個
合いびき肉……150g
サラダ油……大さじ2
塩・こしょう・トマトケチャップ……各適量

作り方

1 卵はよく溶いて、塩、こしょうを入れて混ぜる。玉ねぎは粗みじん切りにする。

2 フライパンに油大さじ1/2を入れ、中火で玉ねぎを炒める。ひき肉も入れて炒め、肉の色が完全に変わったら、塩、こしょうをやや多めにふって混ぜ、とり出す。

3 空いたフライパンをキッチンペーパーでふき、残りの油の半量を入れて中火にかけ、1の卵液の半量を一気に流し入れて、フライパン全体に広げる。卵の表面がふんわりしてきたら、2の半量を卵の中央に棒状にのせ、両端の卵を折りたたみ、皿にひっくり返してのせ、トマトケチャップをかける。同様にもう1個作る。

香りのいい梅、ごま入りの和風仕立て

梅入りトルティーヤ

時短 約15Min　約1~2日間 冷蔵保存可

材料（2人分）

卵……3個
じゃがいも……中1個（約120g）
梅干し……2個
青じそ（あれば）……3～4枚
白すりごま……大さじ1と1/2
サラダ油……大さじ1

POINT 卵は焦げやすいので、弱火でじっくり焼いて。

作り方

1 じゃがいもは皮をむいて8等分し、水にさらして水けを軽くきって耐熱皿に並べる。ラップをふんわりとかけて、電子レンジ（600W）で3分30秒加熱する。熱いうちにフォークなどで手早くつぶす。

2 梅干しは種を除いて刻み、青じそは小さめにちぎり、ともに溶いた卵に加える。ごま、1も加えて混ぜる。

3 直径18～20㎝のフライパンに油を中火で熱し、2を一気に流し入れて大きく混ぜ、周りが焼けてきたら弱火にする。表面が乾いてきたら上下を返し、さらに1分焼いて皿に盛る。食べやすく切り分ける。

レンチンで手軽に作れる、つぶさないポテサラ

ポテサラガーリック エッグソース

超時短 約10Min

材料（2人分）

卵……………………………1個
じゃがいも……中〜大2個（約300g）

A
- マヨネーズ・牛乳……………各大さじ1
- おろしにんにく（チューブ）……………2cm分
- 塩・こしょう…………各少々

作り方

1 卵は耐熱ボウルに割り入れてよく溶き、ラップをふんわりとかけて電子レンジ（600W）で1分加熱する。熱いうちにフォークでほぐしながら混ぜ、粗熱がとれたらAを混ぜる。

2 じゃがいもは皮をむいて1cm幅の半月切りにし、水にさらして水けをきる。耐熱ボウルに入れ、ラップをふんわりとかけて電子レンジ（600W）で4分加熱する。

3 2を器に盛り、1をかける。

トマト缶を使って、あっという間に作れる！

じゃがいものトマト煮 落とし卵のせ

時短 約15Min

材料（2人分）

卵……………………………2個
じゃがいも…………………中1個
カットトマト缶……………1/3缶
オリーブオイル…………大さじ1
水………………………1/2カップ
顆粒スープの素………小さじ1/2
塩・こしょう・砂糖………各少々

作り方

1 じゃがいもは皮をむいて1cm角に切る。

2 小さめのフライパンにオリーブオイルを入れ、じゃがいもも入れて中火でサッと炒める。水と顆粒スープの素を入れて煮立て、ふたをして弱火で4〜5分煮る。トマト缶を入れ、さらに3分煮て、塩、こしょう、砂糖で味を調える。

3 2の2か所にくぼみを作り、それぞれに卵を割り落とし、ふたをして弱火で2〜3分蒸し煮にする。

POINT じゃがいもは小さめに切ると、火の通りが早い。

冷蔵庫にありがち3食材で、おいしいおかずが完成

もやし納豆卵炒め

超時短 約10Min

材料(2人分)

卵……2個
もやし……1袋
納豆……1パック
サラダ油……大さじ1
焼き肉のたれ……大さじ2
塩・こしょう……各少々

作り方

1 卵は溶いて、塩、こしょうを入れて混ぜる。納豆に焼き肉のたれを混ぜる。

2 フライパンに油の半量を入れて中火で熱し、1の卵液を流し入れて大きく混ぜる。ふんわりと火が通ったら、とり出す。

3 空いたフライパンに残りの油を入れ、1の納豆を弱めの中火でサッと炒める。もやしを加えて、強めの中火で30秒ほど炒めて、2を戻し入れて手早く混ぜる。

ツナ、チーズ、ソースでコクのある味に

もやしとツナのチーズ卵蒸し

超時短 約10Min

材料(2人分)

卵……2個
もやし……1/2袋
ツナ缶(油漬け)……1缶(70g)
サラダ油……小さじ1
ピザ用チーズ……40g
中濃ソース……大さじ1
顆粒スープの素……小さじ1/2
粗びき黒こしょう……少々

作り方

1 卵は溶いて、チーズを入れて混ぜる。ツナは汁けをきる。

2 フライパンに油を入れ、ツナを弱めの中火で炒め、中濃ソースを入れる。もやしを加え、顆粒スープの素をふってサッと炒める

3 卵を回し入れてざっと混ぜ、ふたをして弱火で2分蒸し煮にする。仕上げに黒こしょうをふる。

ごま油としょうがの香りがおいしさアップの秘訣

もやしの中華卵とじ

超時短 約10Min

材料(2人分)

卵……2個
もやし……1/2袋
豚バラ薄切り肉……80g
ごま油……大さじ1/2
塩・こしょう……各少々
A 水……1/3カップ
A 顆粒鶏がらスープの素……小さじ1
A おろししょうが(チューブ)……2〜3cm分
白いりごま……少々

作り方

1 卵は溶いて、塩、こしょうを入れて混ぜる。豚肉は3cm長さに切る。

2 フライパンにごま油を入れ、豚肉を中火で炒める。色が変わってきたらAともやしを入れ、2分煮る。

3 火を強めの中火にし、1の卵液を回し入れ、卵にふんわりと火が通ったら、器に盛り、ごまをふる。

きのこのうまみを味わうシンプル具材

フライパン茶碗蒸し

材料（2人分）

卵……………………1個
しめじ……………………1/4パック
えのき……………………1/4袋

A
- 冷たいだし汁……………………1カップ
- 酒・しょうゆ……………………小さじ1/2
- 塩……………………小さじ1/4

POINT 卵液はざるでこすと、なめらかな仕上がりに。

作り方

1 ボウルに卵を割り入れ、菜箸で白身を切るようにして泡立てないように溶く。Aを加えてサッと混ぜ、細かい目のざるでこす。

2 耐熱の器（フライパンに入るサイズ）2個に石づきを除いて小さく切ったしめじとえのきを半量ずつ入れ、1を半量ずつ静かに流し入れる。

3 フライパンに底から3cmほど水（分量外）を入れて強火にかけ、沸いたら火を止めて、2の器を静かに入れる。ふたをして強火で1分、弱火で10分蒸す。竹串を刺して透明な汁が出てきたら蒸し上がり。

そのままでも、うどんやラーメンにのせても

ゆで卵ときのこのめんつゆ漬け

約2~3日間 冷蔵保存可

材料(2人分)

固ゆで卵	**2個**
エリンギ	**大1本**
えのき	**1/2袋(50g)**
しめじ	**1/2パック(50g)**
A 水	2/3カップ
A めんつゆ	大さじ3

作り方

1 大きめのボウルにAを混ぜ合わせる。

2 エリンギは縦半分に切って斜め薄切り、えのきは石づきを除いて3cm長さに切る。しめじは石づきを除いてほぐす。全部を耐熱ボウルに入れてラップをふんわりとかけ、電子レンジ(600W)で2分加熱する。出てきた水を捨てる。

3 1のボウルに2とゆで卵を入れ、1時間ほどおいて味をなじませる。

きのこのうまみが絶品! お弁当にも

きのこの厚焼き卵

時短 約15Min　約1~2日間 冷蔵保存可

材料(2人分)

卵	**4個**
えのき	**1/3袋**
まいたけ	**1/3パック**
サラダ油	適量
めんつゆ(3倍濃縮)	大さじ1/2
A 砂糖	大さじ1
A みりん	大さじ1/2
A しょうゆ	小さじ1
A 塩	少々

作り方

1 えのきは石づきを除いて2~3cm長さに切る。まいたけは細かめに刻む。卵焼き器に油小さじ1を入れ、えのきとまいたけを中火で炒め、めんつゆを加えてサッと混ぜてとり出す。

2 卵を溶き、Aと1を加えて混ぜる。

3 卵焼き器をキッチンペーパーでサッとふき、油少々を熱して、余分な油はふきとる。2の1/3量を流し入れて広げ、半熟状になったら三つ折りにして奥に寄せる。油を薄く敷いて、残りの2の半量を入れて底面全体に広げ、奥から手前に巻く。同様にもう一度繰り返し、キッチンペーパーの上にとり出して包み、形を整えてそのまま冷まし、食べやすく切る。

Part 2

12食材で
サブおかず

1つの食材で！

または

数種を組み合わせて！

冷蔵庫にコロンと転がっているじゃがいもやにんじん、きのこ…。
その残り野菜1つで、おいしい副菜がすぐ作れちゃいます！
「野菜のおかずをもう1品！」そんなお助けレシピ、揃ってます。

だしがじんわりしみこんで、やみつきのおいしさ

トマトのだし煮

超時短 約10Min　約2～3日間 冷蔵保存可

材料（2人分）

トマト ……………………… **小4個**

A
- だし汁 ………… 1と½カップ
- しょうゆ …………… 大さじ½
- 塩 …………………… 小さじ¼

作り方

1. トマトはヘタをとって十字に切り込みを入れ、熱湯（分量外）に30秒ほどぐらせる。冷水につけて、皮をむく。
2. 鍋にAを入れて中火で煮立て、トマトを入れて3分、弱火で煮る。火を止めて、そのまま冷ます。

POINT 冷蔵庫で冷たく冷やしてもおいしい。

粒マスタードの量はお好みで調節を！

トマトのチーズマスタードあえ

超時短 約10Min

材料（2人分）

トマト ……………………… **大1個**

A
- オリーブオイル ……… 大さじ1
- 粒マスタード ………… 小さじ1

粉チーズ ……………… 大さじ½

作り方

トマトはひと口大の乱切りにする。ボウルにAを混ぜ、トマトを入れてあえる。器に盛り、粉チーズをふる。

レモンの酸味と香りがさわやか！

トマトのハニーレモンマヨ

超時短 約10Min

材料（2人分）

トマト……大1個
A
- マヨネーズ……大さじ1と1/2
- レモン汁……小さじ1
- はちみつ……小さじ1

粗びき黒こしょう……少々

作り方

トマトは6～7㎜厚さの半月切りにして器に盛り、混ぜ合わせたAをかける。器に盛り、黒こしょうをふる。

にんにくで炒めたトマトは、うまみ増大！

トマトペペロン

超時短 約10Min

材料（2人分）

トマト……中2個
オリーブオイル……大さじ1
にんにく……1片
赤唐辛子……1本
塩……小さじ1/4
粗びき黒こしょう……適量

作り方

1. トマトはくし形切りにする。にんにくは粗みじん切り、赤唐辛子は小口切りにする。
2. フライパンにオリーブオイルと赤唐辛子、にんにくを入れて中火にかけ、にんにくの香りが出たらトマトを入れる。手早く炒め、塩、黒こしょうで味を調える。

POINT あれば生にんにくを入れると、よりおいしい。おろしにんにく（チューブ）適量で代用しても。

甘辛みそ味とごま油の香りに箸が止まらない！

コチュジャンだれトマト

超時短 約10Min　約1～2日間 冷蔵保存可

材料（2人分）

トマト……大1個
A
- ごま油……大さじ1/2
- しょうゆ……小さじ2
- コチュジャン・砂糖……各小さじ1

作り方

トマトはひと口大の乱切りにする。ボウルにAを混ぜ、トマトを入れてあえる。

卵は火を通しすぎず、とろりと仕上げて

スクランブルブロッコリー

超時短 約10Min

材料（2人分）

ブロッコリー……1/2株（約120g）
卵……2個
サラダ油……大さじ1/2
A［マヨネーズ・牛乳……各大さじ1
粗びき黒こしょう……少々

作り方

1 ブロッコリーは小房に分け、茎も食べやすく切る。卵は溶いて、Aを入れてよく混ぜる。

2 ブロッコリーを耐熱容器に入れてラップをふんわりとかけ、電子レンジ（600W）で2分加熱し、皿に盛る。

3 フライパンに油を熱し、1の卵液を一気に流し入れ、とろりと火が通ったらすぐに火を止める。2にかけて、黒こしょうをふる。

豆腐にマヨを混ぜたあえ衣がまろやか

ブロッコリーの簡単白あえ

超時短 約10Min

材料（2人分）

ブロッコリー……1/2株（約120g）
木綿豆腐……1/3丁
A［マヨネーズ・白すりごま……各大さじ1
　砂糖……小さじ1
　しょうゆ……小さじ1/2

作り方

1 ブロッコリーは小さめの小房に分け、茎も食べやすく切る。豆腐はキッチンペーパーに包んで水きりをする。

2 ブロッコリーを耐熱容器に入れてラップをふんわりとかけ、電子レンジ（600W）で2分加熱する。

3 ボウルに豆腐を崩しながら入れ、Aを加えてよく混ぜ、ブロッコリーを入れてあえる。

多めの黒こしょうがアクセント

ブロッコリーのペッパーチーズ

超時短 約10Min　約1〜2日間 冷蔵保存可

材料（2人分）

ブロッコリー ……1/2株（約120g）

A
- マヨネーズ……………大さじ1
- 粉チーズ……………大さじ1/2
- オリーブオイル………小さじ1
- 粗びき黒こしょう‥小さじ1/3

作り方

1 ブロッコリーは小房に分け、茎も食べやすく切る。Aはよく混ぜる。

2 ブロッコリーを耐熱ボウルに入れてラップをふんわりとかけ、電子レンジ（600W）で3分加熱し、水けをきる。Aを入れてあえる。

のり、ごま油といっしょにレンチンするだけ

ブロッコリーのりじょうゆあえ

超時短 約10Min　約1〜2日間 冷蔵保存可

材料（2人分）

ブロッコリー ……1/2株（約120g）

焼きのり（全形）…………………1枚

ごま油……………………………大さじ1

A
- みりん・しょうゆ……………………各大さじ1

作り方

1 ブロッコリーは小房に分け、茎も食べやすく切る。

2 耐熱ボウルにのりをちぎって入れ、Aを入れて混ぜる。1を平らにのせて、ごま油を回しかける。ラップをふんわりとかけ、電子レンジ（600W）で2分加熱し、混ぜる。

冷蔵庫で冷やしてもおいしい

ブロッコリーの煮びたし

超時短 約10Min　約1〜2日間 冷蔵保存可

材料（2人分）

ブロッコリー ……………………1/2株

A
- 水……………………………1/2カップ
- 白だし…………大さじ1と1/3

作り方

1 ブロッコリーは小房に分け、茎も食べやすく切る。

2 小鍋にAを入れて火にかけ、煮立ったら1を入れて3分30秒煮る。

副菜としても、肉料理のつけあわせにも!

キャベツのガーリックバターソテー

超時短 約10Min

材料（2人分）

キャベツ ………………………… **½個**
バター ……………… 大さじ1と½
にんにく（チューブ） ……… 4cm分

作り方

1 キャベツは4等分のくし形切りにする。
2 フライパンにバターとにんにくを入れて中火にかけ、キャベツを入れて、軽く焼き色がつくまで弱火で両面を2～3分ずつ焼きつける。

箸休めにぴったりの小鉢もの

キャベツの甘みそごまあえ

超時短 約10Min
約1～2日間 冷蔵保存可

材料（2人分）

キャベツの葉 … **大3枚（約230g）**
A
- 煮切りみりん※ ……………… 大さじ1と½
- みそ・白すりごま ………………… 各大さじ1
- 砂糖 …………………… 小さじ1

※煮切りみりんの作り方：みりんを耐熱容器に入れ、ラップなしで電子レンジ（600W）で20秒加熱する。

作り方

1 キャベツは小さめのざく切りにする。Aは混ぜ合わせる。
2 耐熱ボウルにキャベツを入れ、ラップをふんわりとかけて、電子レンジ（600W）で1分加熱する。Aを入れ、キャベツを軽くもみながらあえる。

シンプルに塩とごま油だけ。これがうまい！

塩だれキャベツ

超時短 約10Min ／ 約2～3日間 冷蔵保存可

材料（2人分）

キャベツの葉……………**大3枚**
塩……………………小さじ1/3
A ごま油…………大さじ1と1/2
A 塩……………………小さじ1/2

作り方

キャベツは太めのせん切りにし、塩をふってもむ。しんなりしたら水けを軽く絞り、Aを加えてよくあえる。

あれば生しょうがで作るとおいしい

キャベツのしょうが煮びたし

超時短 約10Min ／ 約1～2日間 冷蔵保存可

材料（2人分）

キャベツの葉……………**大3枚**
A 水……………………1/2カップ
A めんつゆ（3倍濃縮）
……………………大さじ1
A しょうが（せん切り）……1片分

作り方

1 キャベツは3～4cm角に切る。
2 小鍋にAを入れて火にかけ、煮立ったら1を入れて2～3分煮る。そのままおいて味をなじませる。

箸休めやご飯のお供に。チャチャッと簡単

一味キャベツ

超時短 約10Min ／ 約2～3日間 冷蔵保存可

材料（2人分）

キャベツの葉……………**大1枚**
サラダ油…………………小さじ1
塩……………………小さじ1/3
一味唐辛子…………………少々

作り方

1 キャベツは3cm角に切る。
2 フライパンに油を中火で熱し、キャベツを炒める。しんなりしたら塩と一味唐辛子をふって混ぜる。

おろしにんじんにマリネ液がからむ!

Wにんじんマリネ

超時短 約10Min　約3～4日間 冷蔵保存可

材料(2人分)

にんじん……中1本

A
- 酢……大さじ2と1/2
- オリーブオイル……大さじ1と1/2
- 砂糖・塩……各小さじ1/2
- こしょう……少々

作り方

1 にんじんは大さじ2くらいの量をすりおろす。残りはせん切りにし、ボウルに入れて塩少々(分量外)をふる。しばらくおいてよくもみ、水けをしっかり絞る。

2 別のボウルにAを入れて混ぜ合わせ、1を入れて混ぜ、味をなじませる。

野菜がおいしい韓国風ピカタ

にんじんのジョン

時短 約15Min

材料(2人分)

にんじん……中1/2本
溶き卵……1/2個分
ごま油……大さじ1
塩……少々
薄力粉……適量
コチュジャン・白いりごま……各少々

作り方

1 にんじんは5~6mm厚さの輪切りにする。溶き卵に塩を混ぜる。

2 フライパンにごま油を弱火で熱する。にんじんに薄力粉を薄くまぶし、1の卵液にくぐらせて、順次フライパンに並べる。3~4分焼いて上下を返し、さらに3~4分焼き、器に盛る。それぞれにコチュジャンとごまをのせる。

肉料理のつけあわせもレンチンですぐ!

にんじんのレンチングラッセ

超時短 約10Min | 約2~3日間 冷蔵保存可

材料（2人分）

にんじん…………**中1本（150g）**
バター・砂糖…………各大さじ1

作り方

にんじんはひと口大の乱切りにして耐熱皿にのせ、バターと砂糖をのせる。ラップをふんわりとかけて、電子レンジ（600W）で4分30秒~5分加熱し、そのまま少しおく。

にんじんの甘みにからしが合う! お弁当にも

からしにんじん

超時短 約10Min | 約2~3日間 冷蔵保存可

材料（2人分）

にんじん………**中$\frac{1}{2}$本（約80g）**
水…………………………大さじ1
A 煮切りみりん※……大さじ$\frac{1}{2}$
A しょうゆ・練りがらし……………………各小さじ1

※煮切りみりんの作り方：耐熱容器にみりんを入れ、ラップなしで電子レンジ（600W）で10秒加熱する。

作り方

にんじんは縦に2等分して斜め薄切りにする。耐熱ボウルに入れて水を加え、ラップをふんわりとかけて、電子レンジ（600W）で3分加熱する。水けをきって、Aであえる。

にんじん1本で存在感のあるサブおかずが完成

にんじんのカレーマヨ炒め

超時短 約10Min | 約2~3日間 冷蔵保存可

材料（2人分）

にんじん……………………**小1本**
サラダ油…………………大さじ1
マヨネーズ………………大さじ2
塩……………………………少々
A カレー粉………………小さじ2
A 顆粒スープの素……小さじ$\frac{1}{2}$

作り方

1. にんじんはやや太めのせん切りにする。
2. フライパンに油を中火で熱し、にんじんを炒めて少ししんなりしたらAをふり入れて炒める。マヨネーズも加えて炒め合わせ、塩で味を調える。

さわやかな辛みで、薬味にしても◎

玉ねぎのごまレモンマリネ

超時短 約10Min　約2~3日間 冷蔵保存可

材料(2人分)

玉ねぎ……………………**1個**
塩………………小さじ1/3
A
- オリーブオイル……大さじ2と1/2
- レモン汁……大さじ2
- 砂糖……小さじ1
- 塩……小さじ1/2
- こしょう……少々
- 白すりごま……大さじ1〜1と1/2

作り方

1 玉ねぎは薄くスライスして塩をふり、しんなりしたら水に2~3分さらして、しっかり水けを絞る。

2 ボウルにAを混ぜ合わせ、1を加えてあえる。

玉ねぎだけで満足おかずが即完成!

玉ねぎのレンチン白だし蒸し

超時短 約10Min　約2~3日間 冷蔵保存可

材料(2人分)

玉ねぎ……………**1個(約200g)**
水……………1/3カップ
白だし……………大さじ1と1/2
青のり(あれば)……………少々

作り方

1 玉ねぎは4等分のくし形切りにする。

2 耐熱ボウルに水、白だし、1を入れ、ラップをふんわりとかけ、電子レンジ(600W)で4分加熱する。そのまましばらくおいて冷まし、器に盛って、あれば青のりをふる。

一度食べたら、やみつきになるおいしさ!

玉ねぎペペロン

超時短 約10Min

材料(2人分)

- **玉ねぎ**……**1個**
- オリーブオイル……大さじ1
- にんにく……1片
- 赤唐辛子……2本
- 塩……小さじ1
- 粗びき黒こしょう……少々

作り方

1. 玉ねぎは1cm幅に切る。にんにくはみじん切り、赤唐辛子は小口切りにする。
2. フライパンににんにくと赤唐辛子、オリーブオイルを入れ、火にかける。香りが出てきたら玉ねぎを入れて中火で炒め、ややしんなりしたら塩、黒こしょうをふって炒め合わせる。

レンチンした玉ねぎを甘酢であえて

おかか酢玉ねぎ

超時短 約10Min　約2~3日間 冷蔵保存可

材料(2人分)

- **玉ねぎ**……**1個(約200g)**
- A 酢……$\frac{1}{3}$カップ
- A 煮切りみりん※……大さじ2
- A 砂糖……大さじ1
- 削り節……1袋(4~5g)

※煮切りみりんの作り方:耐熱容器にみりんを入れ、ラップなしで電子レンジ(600W)で30秒加熱する。

作り方

玉ねぎは8等分のくし形切りにし、耐熱ボウルに入れてラップをふんわりとかけ、電子レンジ(600W)で2分加熱する。水けをきってAを加えて混ぜ、少しおいて味をなじませて、削り節を混ぜる。

くたっと甘い玉ねぎが素朴なおいしさ

玉ねぎの甘じょうゆ煮

超時短 約10Min　約2~3日間 冷蔵保存可

材料(2人分)

- **玉ねぎ**……**1個**
- 水……$\frac{2}{3}$カップ
- A しょうゆ……大さじ1と$\frac{1}{2}$
- A みりん……大さじ$\frac{1}{2}$
- A 砂糖……小さじ2

作り方

1. 玉ねぎは8等分のくし形切りにし、ざっくりとはがす。
2. 鍋に水と玉ねぎを入れて火にかけ、煮立ったらAを順に加えて中火にし、落としぶたをして4～5分煮る。

カリッと焼けたおいもが香ばしい!

ポテトガレット

時短 約15Min

材料(2人分)

じゃがいも……………………**中1個**
サラダ油……………………大さじ1
薄力粉……………………大さじ2
水……………………大さじ1
塩……………………小さじ1/3

作り方

1 じゃがいもは皮をむき、ごく細めのせん切りにする(スライサーなどを使用してもOK)。

2 ボウルに1を入れ、塩、薄力粉、水をふり入れて、よく混ぜ合わせる。

3 フライパンに油を弱めの中火で熱し、2を半量ずつなるべく薄く広げて5分ほど焼き、上下を返してさらに5分ほど焼く。

POINT じゃがいもは水にさらさない。でんぷんの効果で形がまとまりやすい。

青のり、ゆかりの2つの味を楽しんで

和風フライドポテト

超時短 約10Min

材料(2人分)

じゃがいも……………………**中2個**
揚げ油……………………適量
塩……………………小さじ1/2
青のり・ゆかり……………各小さじ1

作り方

1 じゃがいもはきれいに洗って、皮ごと太めの棒状に切る。

2 フライパンに油を低温(約160℃)に熱し、じゃがいもを入れて、ときどき混ぜながら4~5分揚げる。中まで火が通ったら、強めの中火にしてカラッと揚げる。油をきって塩をふり、半量には青のり、残りにはゆかりをふる。

ツーンとわさびの辛みがあとをひく!

レンチンおいものわさびじょうゆあえ

超時短 約10Min　約2~3日間 冷蔵保存可

材料(2人分)

じゃがいも……大1個(約170g)

A
- しょうゆ…………大さじ2/3~1
- わさび(チューブ)…………3~4cm分

作り方

1 じゃがいもは皮をむいて、7~8mm厚さのいちょう切りにし、サッと水にさらして水けをきる。Aは混ぜて、わさびを溶いておく。

2 耐熱ボウルにじゃがいもを入れ、ラップをふんわりとかけて、電子レンジ(600W)で5分加熱する。そのまま冷まして粗熱がとれたら、Aを入れて混ぜる。

レンチンだけで、しっとりなめらか!

レンチンマッシュポテト

時短 約15Min　約2~3日間 冷蔵保存可

材料(2人分)

じゃがいも……中2個(約240g)

バター…………大さじ1

牛乳…………1/3カップ

塩・こしょう…………各少々

作り方

1 じゃがいもは皮をむいて、1cm厚さのいちょう切りにし、水にサッとさらして水けをきる。

2 耐熱ボウルにじゃがいもを入れ、ラップをふんわりとかけて、電子レンジ(600W)で4分30秒～5分、十分やわらかくなるまで加熱する。

3 2をフォークの背などでつぶし、バターを入れて混ぜる。牛乳を少しずつ入れながら混ぜ、塩、こしょうを入れて混ぜる。ラップをしないで、電子レンジ(600W)で40秒加熱し、ぽってりとするまでよく混ぜる。

おかずにもつけあわせにも、お酒のおつまみにも!

ガーリックポテト

超時短 約10Min

材料(2人分)

じゃがいも…………中2個

サラダ油…………大さじ2

おろしにんにく(チューブ)4~5cm分

塩…………小さじ1/3

POINT にんにくは、あれば生のもの(小)2片をみじん切りにして入れると、より香りよく仕上がる。

作り方

1 じゃがいもはきれいに洗って、皮ごと7~8mm厚さの半月切り(大きければいちょう切り)にする。

2 フライパンに油とにんにくを入れて弱めの中火にかけ、じゃがいもを入れる。2~3分揚げ焼きにしてとり出し、すぐに塩をふる。

箸休めとしても、サラダ代わりにもいただけます！

もやしの中華コールスロー

超時短 約10Min　約2～3日間 冷蔵保存可

材料（2人分）

もやし……………………**1袋（約200g）**

A
- 酢……………………大さじ2と$\frac{1}{2}$
- ごま油・サラダ油……………………各大さじ1
- しょうゆ……………大さじ$\frac{2}{3}$
- 砂糖……………………小さじ$\frac{1}{2}$
- おろししょうが（チューブ）……………………少々

白いりごま……………………適量

作り方

1 もやしは耐熱容器に入れ、ラップをふんわりとかけて、電子レンジ（600W）で2分30秒加熱する。水けをしっかりきる。

2 混ぜ合わせたAに1を入れて混ぜ、器に盛り、ごまをふる。

定番ナムルに焼きのりを加えて香りアップ

のりもやしナムル

超時短 約10Min　約1～2日間 冷蔵保存可

材料（2人分）

もやし……………………**1袋（約200g）**

焼きのり（全形）……………………$\frac{1}{2}$枚

A
- 白すりごま・ごま油……………………各大さじ$\frac{1}{2}$
- 塩……………………小さじ$\frac{1}{4}$
- おろしにんにく（チューブ）……………………4～5cm分

作り方

1 もやしは耐熱容器に入れ、ラップをふんわりとかけて、電子レンジ（600W）で2分30秒加熱する。水けをしっかりきる。

2 Aを入れて混ぜ、ちぎったのりを加えて混ぜる。

濃いめのしっかり味がもやしにぴったり!

もやしのカレーソース炒め

超時短 約10Min

材料(2人分)

- **もやし……1袋**
- サラダ油……大さじ1/2
- A
  - 酒……大さじ2
  - 中濃ソース……大さじ1
  - カレー粉……小さじ1
  - 顆粒スープの素……小さじ1/2
  - 塩……小さじ1/3

作り方

1. Aは混ぜ合わせる。
2. フライパンに油を熱し、もやしを入れて2分ほど炒める。Aを入れ、手早く炒め合わせる。

ピリッと辛みが献立のアクセントに!

一味もやし

超時短 約10Min ／ 約1~2日間 冷蔵保存可

材料(2人分)

- **もやし……1袋(約200g)**
- 塩……小さじ1/3
- 一味唐辛子……小さじ1

作り方

1. もやしは耐熱容器に入れ、ラップをふんわりとかけて、電子レンジ(600W)で2分30秒加熱する。水けをしっかりきる。
2. 1に塩と一味唐辛子をふって混ぜる。

マヨとごま油のコクがもやしにマッチ

もやしのにんにくマヨあえ

超時短 約10Min ／ 約1~2日間 冷蔵保存可

材料(2人分)

- **もやし……1袋(約200g)**
- A
  - マヨネーズ……大さじ2
  - ごま油……小さじ1/2
  - おろしにんにく(チューブ)……4~5cm分

作り方

1. もやしは耐熱容器に入れ、ラップをふんわりとかけて、電子レンジ(600W)で2分30秒加熱する。水けをしっかりきる。
2. Aを入れてよく混ぜる。

白だしとごま油で簡単おいしい!

ごまえのき

超時短 約10Min ／ 約2〜3日間 冷蔵保存可

材料(2人分)

えのき……………大1袋(200g)

A
- 水……………………大さじ3
- 白だし………………大さじ2
- 白いりごま‥大さじ1〜1と½
- ごま油……………小さじ½

作り方

1 えのきは石づきを除いて3~4等分に切り、耐熱ボウルに入れて、ラップをふんわりとかける。電子レンジ(600W)で2分加熱する。水けをしっかりきる。

2 1にAを入れてよく混ぜる。

多めに作っておくと何かと便利

きのこマリネ

超時短 約10Min ／ 約3〜4日間 冷蔵保存可

材料(2人分)

えのき・しめじ・まいたけ
……………各½パック(50g)

A
- 酢……………………大さじ3
- オリーブオイル………大さじ2
- 粒マスタード…………小さじ1
- 塩……………………小さじ⅓
- 砂糖…………………小さじ½

作り方

1 しめじは石づきを除いてほぐし、えのきは石づきを除いて2等分する。まいたけはほぐす。Aは混ぜ合わせる。

2 1のきのこを耐熱ボウルに入れて、ラップをふんわりとかける。電子レンジ(600W)で2分加熱し、水けをしっかりきる。

3 2が温かいうちにAに漬けて、味をなじませる。

味つけはポン酢しょうゆだけでOK

まいたけのポン酢きんぴら

超時短 約10Min

材料（2人分）

まいたけ……………………1パック
ごま油…………大さじ1/2（100g）
赤唐辛子…………………………1/2本
ポン酢しょうゆ……大さじ2と1/2

作り方

1 まいたけはやや大きめにほぐす。赤唐辛子は小口切りにする。

2 フライパンにごま油を中火で熱し、赤唐辛子を焦がさないように炒め、まいたけを入れてサッと炒める。ポン酢しょうゆを回し入れ、汁けがなくなるまで手早く炒める。

3種のきのこを濃いめに煮た小鉢もの

きのこの当座煮

時短 約15Min　約3～4日間 冷蔵保存可

材料（2人分）

しめじ・エリンギ・えのき
……………………………各1パック
ごま油…………………………大さじ1/2
だし汁…………………………1/2カップ
砂糖・みりん……………各大さじ1
しょうゆ……………大さじ2と1/2
粉山椒（あれば）………………少々

作り方

1 しめじは石づきを除いてほぐす。エリンギは食べやすく切る。えのきは石づきを除いて、3等分に切る。

2 フライパンにごま油を中火で熱し、1を入れてサッと炒める。全体に油が回ったらだし汁を入れ、砂糖、みりん、しょうゆの順に加えて10～15分煮る。器に盛り、あれば粉山椒をふる。

淡白なきのこにツナマヨをのせて

きのこのツナレモンマヨ

超時短 約10Min　約1～2日間 冷蔵保存可

材料（2人分）

エリンギ・しめじ・まいたけ
………………各1パック（100g）
ツナ缶（油漬け）………1缶（70g）
A マヨネーズ……………大さじ1
A レモン汁………大さじ1と1/2
A しょうゆ………………小さじ1
A 砂糖……………………小さじ1/2

作り方

1 エリンギは食べやすく切る。しめじは石づきを除いてほぐす。まいたけはほぐす。ツナは汁けをきって、Aと混ぜ合わせる。

2 1のきのこを耐熱ボウルに入れて、ラップをふんわりとかける。電子レンジ（600W）で2分加熱し、水けをよくきる。器に盛り、1のツナを汁ごとのせる。

ご飯のお供やおにぎりの具にぴったり

豚肉のしぐれ煮

超時短 約10Min ｜ 約3~4日間 冷蔵保存可

材料（2～3人分）

- **豚こま切れ肉**……200g
- しょうが……小1片
- A
  - 水・酒……各1/4カップ
  - しょうゆ……大さじ2と1/2
  - 砂糖・みりん……各大さじ1

作り方

1. 豚肉は小さく切る。しょうがはせん切りにする。
2. 鍋にAを入れて煮立て、1を入れる。落としぶたをして、汁けが完全になくなるまで煮る。

POINT▶あれば生しょうがを入れると、よりおいしい。おろししょうが（チューブ）適量で代用しても。

カリッと焼いた鶏皮でオツな一品に

鶏皮と玉ねぎのポン酢あえ

超時短 約10Min

材料（2人分）

- **鶏皮**……大1枚分
- 玉ねぎ……1/4個
- ポン酢しょうゆ……大さじ2
- 塩……少々

作り方

1. 玉ねぎは薄切りにし、塩をふって少しおき、水に2分ほどさらして水けをしっかり絞る。
2. フライパンに鶏皮を入れて弱めの中火にかけ、途中で上下を返しながら、3分ほど焼きつける。カリッとしてきたらとり出し、細切りにする。
3. 1と2を混ぜ合わせ、器に盛ってポン酢しょうゆをかける。

ハンパに残った鶏肉でチャチャッと作れる！

蒸し鶏の梅あえ

超時短 約10Min ｜ 約1~2日間 冷蔵保存可

材料（2人分）

- **鶏むね肉**…大1/2枚（150~200g）
- 梅干し……大1個
- 煮切りみりん※……大さじ1
- しょうゆ……小さじ1
- A
  - 酒……大さじ1/2
  - 塩……少々

※煮切りみりんの作り方：耐熱容器にみりんを入れ、ラップなしで電子レンジ（600W）で10秒加熱する。

作り方

1. 鶏肉はAをよくもみ込み、耐熱ボウルに入れてラップをふんわりとかけ、電子レンジ（600W）で3分加熱する。そのまま冷まし、食べやすくさく。
2. 梅干しは種を除いて細かくたたき、煮切りみりん、しょうゆとともに別のボウルに混ぜ合わせ、1を入れてあえる。

Part 3

12食材で
汁もの

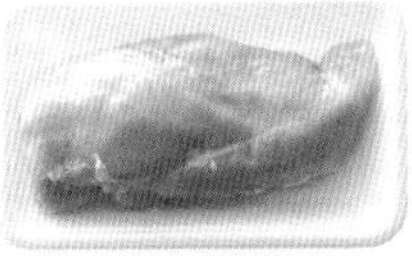

1つの食材で！

または

数種を組み合わせて！

たった1つの野菜を煮るだけでも、素材のうま味が染み出た
おいしい汁やスープに。食事に添えるとカロリーを抑えつつ、
満腹感を得られます。献立のアクセントにもなって、満足感もUP！

ほんのりカレー風味がアクセント

豚肉とブロッコリーのカレーミルクスープ

超時短 約10Min

材料（2人分）

- **豚こま切れ肉……100g**
- ブロッコリー……1/3株
- サラダ油……大さじ1/2
- 牛乳……1/2カップ
- カレー粉……小さじ1/3
- A［水……2/3カップ／顆粒スープの素……小さじ1/2
- 塩……少々

作り方

1. 豚肉は食べやすく切る。ブロッコリーは小さめの小房に分ける。
2. 鍋に油を熱して豚肉を炒め、色が変わったらブロッコリーも加えて炒め合わせる。Aを入れて3分ほど煮て、カレー粉を溶き入れて、さらに1～2分煮る。牛乳を加えて塩で味を調え、サッと煮る。

素材からうまみが出るので、だしいらず！

トマト豚汁

超時短 約10Min

材料（2人分）

- **豚バラ薄切り肉……100g**
- トマト……中1個
- しめじ……1/2パック
- サラダ油……小さじ1
- 酒……大さじ1
- 水……2カップ
- みそ……大さじ2

作り方

1. 豚肉は1cm幅に切る。トマトはひと口大に切る。しめじは石づきを除いてほぐす。
2. 鍋に油を中火で熱し、豚肉を炒める。色が変わってきたらトマトとしめじを入れてサッと炒める。酒を加えてふたをし、弱火で2～3分蒸し煮にし、水を加えてひと煮し、みそを溶き入れる。

野菜たっぷり。豆板醤の量はお好みで

豚肉とわかめのピリ辛スープ

超時短 約10Min

材料（2人分）

豚バラ薄切り肉……100g
キャベツの葉……大1枚
カットわかめ（乾燥）……2g
ごま油……小さじ1
豆板醤……小さじ1/3
A［水……2カップ
　 顆粒鶏がらスープの素……小さじ1/2
B［酒……小さじ1
　 しょうゆ・塩……各少々

作り方

1 豚肉は1cm幅に切る。キャベツはざく切りにする。

2 鍋にごま油と豆板醤を入れて弱火で軽く炒め、豚肉を入れて火を少し強くして炒める。Aを入れて煮立て、キャベツ、わかめ、Bを入れてひと煮する。

ひとつまみの塩昆布が味のまとめ役！

豚キャベツの塩昆布スープ

超時短 約10Min

材料（2人分）

豚こま切れ肉……100g
キャベツの葉……大1枚
だし汁……2カップ
塩昆布……3g
酒……小さじ1
しょうゆ……少々

作り方

1 豚肉は食べやすく切る。キャベツはざく切りにする。

2 鍋にだし汁を入れて煮立て、豚肉とキャベツを入れて2分ほど煮る。アクをとって塩昆布を入れ、さらに1～2分煮て、酒としょうゆで味を調える。

2種のきのこからおいしいだしが

鶏きのことろみ汁

超時短 約10Min

材料（2人分）

鶏むね肉
……**小1/2枚（約100～120g）**
まいたけ……1/2パック
えのき……1/2袋
ごま油……大さじ1/2
塩・こしょう……各少々
A
- 水……2カップ
- 酒……大さじ1/2
- 顆粒鶏がらスープの素……小さじ1/2

●**水溶き片栗粉**
- 片栗粉……小さじ1/2
- 水……小さじ1

作り方

1 鶏肉は1.5cm角に切る。まいたけは小さくほぐし、えのきは石づきを除いて3等分に切る。

2 鍋にごま油を熱し、まいたけとえのきをしんなりするまで炒めて、Aを入れて煮立てる。鶏肉を入れて3分煮て、塩、こしょうで味を調え、水で溶いた片栗粉を入れてとろみをつける。

具材にチーズをからめながらどうぞ

とろとろチーズチキンスープ

超時短 約10Min

材料（2人分）

鶏もも肉……大1/2枚（約150g）
ブロッコリー……1/3株
塩・粗びき黒こしょう……各少々
ピザ用チーズ……50g
A
- 水……2カップ
- 顆粒スープの素……小さじ1/2

作り方

1 鶏肉は食べやすく切る。ブロッコリーは小さめの小房に分ける。

2 鍋にAを入れて煮立て、鶏肉とブロッコリーを入れて2分煮る。塩で味を調え、チーズを入れて火を止め、ふたをして2分おく。器に盛り、黒こしょうをふる。

骨つき鶏肉が食べごたえ満点

鶏手羽のカレー風味スープ

時短 約15Min

材料（2人分）

鶏手羽中……6本
玉ねぎ……1/2個
オリーブオイル……大さじ1/2
A
- 水……2と1/3カップ
- 顆粒スープの素……小さじ1/3

B
- カレー粉……小さじ1/2
- 塩……小さじ1/3
- こしょう……少々

作り方

1 玉ねぎは薄切りにする。

2 鍋にオリーブオイルを中火で熱し、鶏肉を入れて両面を2～3分ほど焼きつけ、Aを入れて煮立て、アクをとる。玉ねぎを加えて弱めの中火で5分煮て、Bで味を調える。

炒めひき肉のコクが美味

豚とにんじんの炒めスープ

超時短 約10Min

材料（2人分）

豚ひき肉……80g
にんじん……大1/3本
オリーブオイル……小さじ1
塩・こしょう……各少々
A 水……2カップ
A 酒……大さじ1/2
A 顆粒スープの素……小さじ1/3
ドライパセリ（あれば）……少々

作り方

1 にんじんはせん切りにする。

2 鍋にオリーブオイルを中火で熱し、ひき肉を色が変わるまで炒め、にんじんも加えて炒め合わせる。Aを入れて煮立て、アクをとって塩、こしょうで味を調える。器に盛り、あればドライパセリをふる。

ひき肉はポリ袋を使って手早く成形

簡単肉だんごの中華スープ

超時短 約10Min

材料（2人分）

豚ひき肉……100g
キャベツの葉……大1枚
ごま油……大さじ1/2
酒……小さじ1
しょうが（チューブ）……3〜4cm分
A 水……2と1/3カップ
A 顆粒鶏がらスープの素……小さじ1/2
B オイスターソース……小さじ1〜1と1/2
B 塩……少々

作り方

1 キャベツはざく切りにする。ひき肉、酒、しょうがをポリ袋に入れてよくもみ、袋の底の一角を小さく切る。

2 鍋にAを入れて煮立て、キャベツを入れる。1の肉だねは、袋の切った穴からひと口分絞り出してはスプーンで軽く丸めながらすべて入れ、3分ほど煮る。Bで味を調える。

ひき肉はざっくり炒め、かたまりを残して

ひき肉トマトのコクうまスープ

超時短 約10Min

材料（2人分）

合いびき肉……100g
トマト……中1個
じゃがいも……中1個
サラダ油……小さじ1
A 水……2カップ
A 顆粒スープの素……小さじ1/2
B トマトケチャップ……大さじ1
B 酒……大さじ1/2
B 塩・こしょう……各少々

作り方

1 トマトは小さめのざく切りにする。じゃがいもは皮をむいて、ひと口大に切る。

2 鍋に油を入れて熱し、ひき肉を入れてほぐしすぎず、かたまりを残すように焼きつけ、トマトを加えて炒め合わせる。Aとじゃがいもを入れて煮立て、アクをとって3〜4分煮る。Bで味を調える。

ふわっと香るのりがポイント

のり風味のかき卵汁

超時短 約10Min

材料（2人分）

卵……………………**1個**
カットのり……………4〜5枚
だし汁…………………2カップ
A ┌ 酒…………………小さじ1
　│ 塩…………………小さじ1/3
　└ しょうゆ…………少々

作り方

1. 器にのりをちぎって入れる。
2. 鍋にだし汁を入れて強めの中火にかけ、Aを入れ、溶いた卵を細く流し入れる。卵がふんわりしてきたら火を止め、1の器に注ぐ。

黄身はお好みの固さに火を通して

落とし卵のみそ汁

超時短 約10Min

材料（2人分）

卵……………………**2個**
だし汁…………………2カップ
みそ……………………大さじ2

作り方

1. 鍋にだし汁を入れて煮立てる。
2. 卵1個を器に割り入れ、1に静かに流し入れる。残りも同様にし、白身がふんわりと白くなったら、みそを溶き入れ、火を止める。

ごま油&卵のコクと香りが◎

中華卵スープ

超時短 約10Min

材料（2人分）

卵……………………**2個**
もやし…………………1/3袋
ごま油…………………大さじ1
塩・こしょう…………各適量
A ┌ 水…………………2カップ
　│ 顆粒鶏がらスープの素
　└ ……………………小さじ1/2

作り方

1. 卵は溶いて、塩、こしょう各少々を入れて混ぜる。
2. 鍋にごま油を熱し、1の卵液を一気に入れて大きく混ぜ、ふんわりしたらAを入れて煮立てる。もやしを入れ、中火で2分煮る。塩小さじ1/3、こしょう少々で味を調える。

スープに野菜のうまみがた〜っぷり

大豆入りミネストローネ

超時短 約10Min

材料(2人分)

トマト……………………**中1個**
玉ねぎ……………………½個
ブロッコリー……………⅓株
水煮大豆…………………50g
オリーブオイル…………大さじ1
A ［水………………2と⅓カップ
　 顆粒スープの素……小さじ½
B ［砂糖……………………小さじ1
　 塩………………………小さじ½強
　 こしょう…………………少々

作り方

1 玉ねぎは粗みじん切り、トマトは1cm角に切る。ブロッコリーは小さく刻む。大豆は水けをきる。

2 鍋にオリーブオイルを熱し、玉ねぎを炒める。トマト、ブロッコリーを入れてふたをし、弱火で2〜3分蒸し焼きにする。

3 Aを加えて煮立て、アクをとって3分煮たら大豆を加え、Bで味を調える。

酸味とコクのある味わい

トマトみそ汁

超時短 約10Min

材料(2人分)

トマト……………………**大1個**
オリーブオイル…………大さじ½
水…………………………2カップ
みそ………………………大さじ2
粉チーズ…………………少々

作り方

1 トマトはざく切りにする。

2 鍋にオリーブオイルとトマトを入れて中火にかけ、サッと炒めてふたをし、2〜3分蒸し煮にする。

3 水を加えて煮立て、アクをとってみそを溶き入れる。器に盛り、粉チーズをふる。

にんにくは生がおすすめ。なければチューブでも

トマトガーリックスープ

超時短 約10Min

材料(2人分)

トマト……………………**大1個**
オリーブオイル…………大さじ1
水…………………………2カップ
にんにく…………………小1片
酒…………………………大さじ1
A ［塩……………………小さじ½
　 砂糖…………………小さじ⅓
　 こしょう………………少々
ドライパセリ(あれば)………少々

作り方

1 トマトは小さめのざく切りにする。にんにくはみじん切りにする。

2 鍋にオリーブオイルを入れ、にんにくを入れて炒め、トマトも入れて炒め合わせ、酒を入れて3分蒸し煮にする。トマトから十分汁が出たら、水を入れて弱めの中火で3〜4分煮て、Aで味を調える。器に盛り、あればドライパセリをふる。

ごま油が香る中華風

こまごまブロッコリーのりスープ

超時短 約10Min

材料（2人分）

ブロッコリー……1/3株
カットのり……3〜4枚
ごま油……大さじ1/2
A［水……2カップ
　 顆粒鶏がらスープの素……小さじ1/2
塩……小さじ1/2
こしょう……少々

作り方

1 ブロッコリーは小さく切る。器にのりをちぎって入れる。

2 鍋にごま油を熱してブロッコリーを炒め、Aを入れて煮立て、中火で2分煮る。塩、こしょうで味を調え、1の器に注ぐ。

少量の水で蒸し煮にしたら粗くつぶして

簡単ブロッコリーポタージュ

超時短 約10Min

材料（2人分）

ブロッコリー……1/3株
牛乳……1と1/3カップ
塩・こしょう……各少々
A［水……1/3カップ
　 顆粒スープの素……小さじ1/2

作り方

1 ブロッコリーは小房に分ける。

2 鍋にブロッコリーとAを入れて中火で煮立て、ふたをして弱火で5〜6分蒸し煮にする。鍋の中でブロッコリーをつぶすようにし、牛乳を入れてひと煮し、塩、こしょうを入れて混ぜる。

まろやかな豆乳にたっぷりのごまをプラス

ブロッコリーの豆乳ごま汁

超時短 約10Min

材料（2人分）

ブロッコリー……1/3株
しめじ……1/2パック
だし汁……1と1/2カップ
豆乳（無調整）……1/2カップ
みそ……大さじ1と1/2
白すりごま……大さじ1

作り方

1 ブロッコリーは小さめの小房に分ける。しめじは石づきを除いてほぐす。

2 鍋にだし汁を入れて煮立て、ブロッコリーとしめじを入れ、弱めの中火で3〜4分煮る。豆乳を入れて煮立たせ、みそを溶き入れてごまを入れて混ぜる。

あれば生しょうがを用いるのがおすすめ

しょうが風味中華スープ

超時短 約10Min

材料（2人分）

キャベツの葉……………**大2枚**
エリンギ……………………中1本
しょうが（チューブ）…4～5cm分
しょうゆ・塩………………各少々
A 水…………………………2カップ
A 顆粒鶏がらスープの素……………………小さじ1

作り方

1 キャベツは太めのせん切りにする。エリンギは小さく切る。

2 鍋にAを入れて煮立て、キャベツとエリンギ、しょうがを入れてサッと煮、しょうゆ、塩で味を調える。

梅干しは甘くないものが合います

キャベツの梅風味みそ汁

超時短 約10Min

材料（2人分）

キャベツの葉……………**大2枚**
梅干し…………………………1個
だし汁………………………2カップ
みそ…………………大さじ1と1/2

作り方

1 キャベツはざく切りにする。梅干しは種を除いて細かく切る。

2 鍋にだし汁を入れて煮立て、キャベツ入れてサッと煮る。みそを溶き入れて、梅干しを散らし入れ、軽く煮る。

シンプルなのにクセになる味！

キャベツの塩バタースープ

超時短 約10Min

材料（2人分）

キャベツの葉……………**大2枚**
バター……………大さじ1と1/2
塩…………………………小さじ1/3
A 水…………………………2カップ
A 顆粒スープの素……小さじ1/2
粗びき黒こしょう……………少々

作り方

1 キャベツは小さめのざく切りにする。

2 鍋にバターを入れて中火にかけ、溶けてきたら塩をふり入れ、キャベツを入れてしんなりするまで2分ほど炒める。Aを入れて1～2分煮て、器に盛り、黒こしょうをふる。

仕上げに加えるレモンがさわやか

にんじんレモンスープ

超時短 約10Min

材料(2人分)

- **にんじん**……中1/2本
- オリーブオイル……大さじ1/2
- レモン汁……大さじ1
- 砂糖・塩……各少々
- A［水……2カップ
- 　 顆粒スープの素……小さじ1/2

作り方

1 にんじんはせん切りにする。

2 鍋にオリーブオイルを熱してにんじんを炒め、Aを入れて煮立て、弱火で2分煮る。レモン汁を加え、砂糖、塩で味を調える。

豆板醤の辛みが食欲をそそる!

にんじんのピリ辛みそ汁

超時短 約10Min

材料(2人分)

- **にんじん**……中1/2本
- 玉ねぎ……1/4個
- ごま油……大さじ1/2
- だし汁……2カップ
- 豆板醤……小さじ1/3
- みそ……大さじ2

作り方

1 にんじんはせん切りにする。玉ねぎは薄切りにする。

2 鍋にごま油と豆板醤を入れて弱火で軽く炒め、火を強くしてにんじんと玉ねぎを入れて炒める。だし汁を入れて3分煮て、みそを溶き入れる。

とろみのある簡単まろやかミルクスープです

にんじんのクリームスープ

超時短 約10Min

材料(2人分)

- **にんじん**……中1/2本
- 玉ねぎ……1/2個
- バター……大さじ1
- 薄力粉……大さじ1
- 牛乳……1カップ
- 塩・こしょう……各少々
- A［水……1/3カップ
- 　 顆粒スープの素……小さじ1/2

作り方

1 にんじんは3㎝長さの短冊切りにする。玉ねぎは薄切りにする。

2 鍋にバターを入れて中火にかけ、溶けてきたらにんじんと玉ねぎを入れて2分炒める。薄力粉をふり入れてさらに炒め、Aを加えてふたをし、弱火で3〜4分煮る。牛乳を入れてひと煮し、塩、こしょうを入れて混ぜる。

大きめに切った玉ねぎの“食べる”スープです

玉ねぎのごま油蒸しスープ

超時短 約10Min

材料（2人分）

- **玉ねぎ**……………………**小1個**
- ごま油……………………大さじ1/2
- 水……………………大さじ1
- 塩・こしょう・しょうゆ……各少々
- A
  - 水……………………2カップ
  - 顆粒鶏がらスープの素……………………小さじ1/3

作り方

1. 玉ねぎは4等分のくし形切りにし、ざっくりとはがす。
2. 鍋にごま油を熱し、玉ねぎをサッと炒めて水を入れ、ふたをして弱火で3分蒸し焼きにする（途中でときどき混ぜる）。
3. Aを入れて2〜3分煮て、塩、こしょう、しょうゆで味を調える。

玉ねぎはレンチンしてから炒めると早い！

簡単オニオングラタン

超時短 約10Min

材料（2人分）

- **玉ねぎ**……………………**1/2個（約100g）**
- バター……………………大さじ1
- 塩……………………小さじ1/2
- こしょう……………………少々
- A
  - 水……………………2カップ
  - 顆粒スープの素……小さじ1/2
- ピザ用チーズ……………………40〜50g

作り方

1. 玉ねぎは薄切りにし、耐熱ボウルに入れてラップをふんわりとかけ、電子レンジ（600W）で3分30秒加熱する。
2. 鍋にバターを中火で熱し、1の玉ねぎを入れて色づくまで炒める。Aを加えて煮立て、塩、こしょうで味を調える。チーズを入れて火を止める。

シンプルに玉ねぎの甘みを味わえる！

ガーリックオニオンスープ

超時短 約10Min

材料（2人分）

- **玉ねぎ**……………………**1/2個（約100g）**
- オリーブオイル……………………大さじ1
- おろしにんにく（チューブ）……………………5〜6cm分
- 塩・粗びき黒こしょう……各少々
- A
  - 水……………………2カップ
  - 顆粒スープの素……小さじ1/3

作り方

1. 玉ねぎは薄切りにする。
2. 鍋にオリーブオイルを熱し、玉ねぎとにんにくを入れて中火で炒める。Aを入れてひと煮し、塩で味を調え、器に盛って黒こしょうをふる。

豚ひき肉のコクをプラス

じゃがいものカレーとろみ汁

超時短 約10Min

材料（2人分）

じゃがいも……………………**大1個**
豚ひき肉……………………100g
サラダ油……………………大さじ1/2
だし汁……………………2カップ
酒……………………大さじ1/2
カレー粉……………………小さじ1/2
塩・しょうゆ……………………各少々
●水溶き片栗粉
片栗粉……………………小さじ2/3
水……………………大さじ1/2

作り方

1 じゃがいもは皮をむき、5〜6㎜厚さの半月切りにする。

2 鍋に油を入れて中火にかけ、ひき肉を色が変わるまで炒めて、だし汁とじゃがいもを入れて煮立たせる。アクをとって酒を入れ、弱めの中火で6〜7分煮る。

3 カレー粉を加え、塩、しょうゆで味を調える。水で溶いた片栗粉を入れて混ぜ、軽く煮る。

鍋1つでチャチャッと作れるポタージュ風

つぶしじゃがいものミルクスープ

超時短 約10Min

材料（2人分）

じゃがいも……………………**大1個**
牛乳……………………1カップ
塩・こしょう……………………各少々
A［水……………………1/2カップ
　 顆粒スープの素……小さじ1/2
ドライパセリ（あれば）………少々

作り方

1 じゃがいもは皮をむいて7〜8㎜厚さのいちょう切りにする。

2 鍋にじゃがいもとAを入れ、ふたをして弱めの中火で4分、蒸し煮にして火を止める。

3 鍋の中でじゃがいもを粗くつぶし、牛乳を加えてひと煮し、塩、こしょうで味を調える。器に盛り、あればドライパセリをふる。

牛乳のマイルドな味わいがおいもにぴったり

じゃがいものミルクみそ汁

超時短 約10Min

材料（2人分）

じゃがいも……………………**中1個**
玉ねぎ……………………1/4個
だし汁……………………1と1/3カップ
牛乳……………………1/3カップ
みそ……………………大さじ2
青のり（あれば）……………………少々

作り方

1 じゃがいもは皮をむいて7〜8㎜厚さのいちょう切りにする。玉ねぎは薄切りにする。

2 鍋にだし汁とじゃがいも、玉ねぎを入れて煮立て、中火で3分煮る。みそを溶き入れ、牛乳を加えてサッと煮る。器に盛り、あれば青のりをふる。

ピリッとさわやかな辛さがやみつきに

もやしのゆずこしょうスープ

超時短 約10Min

材料（2人分）

もやし……1/3袋
えのき……1/2袋
だし汁……2カップ
ゆずこしょう……小さじ1/2～2/3
塩・しょうゆ……各少々

作り方

1 えのきは石づきを除いて2等分する。
2 鍋にだし汁を煮立て、もやしとえのきを入れて中火で1～2分煮る。ゆずこしょうを溶き入れ、塩、しょうゆで味を調える。

コクとうま味のある食材が集合

もやしキムチの納豆汁

超時短 約10Min

材料（2人分）

もやし……1/3袋
納豆……1パック
キムチ……50g
ごま油……大さじ1/2
みそ……大さじ1/2
A［水……2カップ
　顆粒鶏がらスープの素……小さじ1/2

作り方

鍋にごま油を入れてキムチを炒め、納豆も加えてサッと炒める。Aを入れて煮立て、もやしを加えて軽く煮て、みそを溶き入れる。

ポン酢しょうゆの酸味がさわやか！

もやしと豆腐のポン酢スープ

超時短 約10Min

材料（2人分）

もやし……1/3袋
絹ごし豆腐……1/3丁
だし汁……2カップ
A［ポン酢しょうゆ……大さじ1/2
　塩……少々
白いりごま……少々

作り方

1 豆腐は食べやすく切る。
2 鍋にだし汁を煮立て、もやしを入れて2分煮て、豆腐も入れる。Aで味を調え、器に盛り、ごまをふる。

辛さはお好みで調節を

きのこの中華風ピリ辛スープ

超時短 約10Min

材料（2人分）

しめじ・えのき ……………………… **各1/2パック**
豚ひき肉 ……………………… 80g
ごま油 ……………………… 大さじ1/2
豆板醤 ……………… 小さじ1/3〜1/2
塩・しょうゆ ……………………… 各少々
A［
水 ……………………… 2カップ
酒 ……………………… 大さじ1/2
顆粒鶏がらスープの素 ……………………… 小さじ1/2
］

作り方

1 しめじは石づきを除いてほぐし、えのきは石づきを除いて3等分に切る。

2 鍋にごま油と豆板醤を入れて弱火にかけ、軽く炒める。火を少し強くしてひき肉を炒め、色が変わったらきのこも炒め合わせ、Aを入れて煮立たせる。アクをとり、塩、しょうゆで味を調える。

きのこから出るうま味が味のベース

きのこのけんちん汁

超時短 約10Min

材料（2人分）

まいたけ ……………………… **1/2パック**
エリンギ ……………………… **中1本**
木綿豆腐 ……………………… 1/2丁
ごま油 ……………………… 大さじ1/2
だし汁 ……………………… 2カップ
塩 ……………………… 小さじ2/3
しょうゆ ……………………… 小さじ1/3

作り方

1 豆腐はキッチンペーパーに包んでしばらくおき、水きりをする。まいたけはほぐし、エリンギは食べやすく切る。

2 鍋にごま油を熱し、豆腐を崩しながら入れて炒め、まいたけとエリンギ、だし汁を入れて煮立てる。アクをとり、中火で1〜2分煮て、塩、しょうゆで味を調える。

きのこは蒸し焼きにしてうまみを抽出

3種きのこの蒸しスープ

超時短 約10Min

材料（2人分）

まいたけ・しめじ・えのき ……………………… **各1/2パック**
オリーブオイル …… 大さじ1と1/2
A［
水 ……………………… 2カップ
顆粒スープの素 …… 小さじ1/2
］
塩・こしょう ……………………… 各少々

作り方

1 まいたけはほぐし、しめじは石づきを除いてほぐし、えのきは石づきを除いて食べやすく切る。

2 鍋にオリーブオイルを熱し、きのこを入れてサッと炒め、ふたをして弱火で3分、蒸し焼きにする。Aを入れて煮立て、塩、こしょうで味を調える。

Part 4

12食材で
ご飯もの・麺

肉や卵をメインに
野菜などを
組み合わせて！

忙しい日の晩ごはん、休日や在宅ワーク日の昼ごはんなど、
ササッと手軽にすませたいときのご飯もの＆麺レシピをご紹介。
レンチン丼やフライパンパスタなど、超簡単でめちゃうまです！

にんにくの香りに箸がすすむ！

ガーリックスタミナ丼

超時短 約10Min

材料（2人分）

豚こま切れ肉……………………**250g**
キャベツの葉 ………………… 大2枚
サラダ油………………… 大さじ1/2
A［酒 ……………………… 大さじ2
　 サラダ油……………… 大さじ1
B［酒・しょうゆ……… 各大さじ2
　 顆粒和風だし………… 小さじ1
　 おろしにんにく（チューブ）
　 …………………… 4〜5cm分
温かいご飯 ………………… 丼2杯分

作り方

1 豚肉は食べやすく切り、Aをよくもみ込む。キャベツはせん切りにし、Bは混ぜ合わせる。

2 フライパンに油を中火で熱し、1の豚肉を入れてほぐしながら1分〜1分30秒炒める。肉の色が完全に変わったら、Bを鍋肌から回し入れ、手早く汁をからめる。

3 器にご飯を盛ってキャベツをのせ、2をのせる。

油で炒めないから、ヘルシー＆簡単

レンチン中華丼

超時短 約10Min

材料（2人分）

豚バラ薄切り肉………………**150g**
玉ねぎ…………… 1/2個（約100g）
にんじん……………小1/6本（20g）
しめじ……………1/2パック（50g）
A［オイスターソース・酒
　 …………………… 各大さじ1
　 砂糖…………………… 大さじ1/2
　 片栗粉………………… 小さじ1
　 顆粒鶏がらスープの素・酢
　 …………………… 各小さじ1/2
温かいご飯 ………… 茶碗2杯分

作り方

1 玉ねぎは7〜8mm厚さに切り、にんじんは細切りにする。しめじは石づきを除いてほぐす。豚肉は3cm幅に切る。Aは混ぜ合わせる。

2 耐熱ボウルに野菜と豚肉を入れて全体を混ぜ、Aをもう一度混ぜてから回しかける。ラップをふんわりとかけて、電子レンジ（600W）で4分加熱する。とり出してよく混ぜ、器に盛ったご飯にのせる。

にんにく＆バターの鉄板コンビで味つけ

豚ときのこの バターガーリックピラフ

超時短 約10Min

材料（2人分）

- **豚こま切れ肉……150g**
- エリンギ……大1本
- まいたけ……1/2パック
- サラダ油……大さじ1
- バター……大さじ1〜1と1/2
- おろしにんにく（チューブ）……7〜8cm分
- しょうゆ……大さじ1
- 塩・こしょう・粗びき黒こしょう……各少々
- 温かいご飯……茶碗2杯分

作り方

1 豚肉は小さめに食べやすく切る。エリンギとまいたけは細かく切る。

2 フライパンに油を弱めの中火で熱し、豚肉、きのこ、にんにくを入れて火を強くして炒め、塩、こしょうを入れて混ぜる。肉の色が完全に変わったら、ご飯を入れて炒め合わせ、バターも加えて炒め、しょうゆを回しかけてサッと炒める。器に盛り、黒こしょうをふる。

肉×きのこ×のりで、おいしさ相乗効果！

豚肉とえのきののり雑炊

超時短 約10Min

材料（2人分）

- **豚こま切れ肉……100g**
- えのき……1/2袋
- しめじ……1/2パック（50g）
- 焼きのり（全形）……/2枚
- だし汁……2カップ
- A みりん……大さじ1/2
- A しょうゆ……小さじ2
- A 塩……小さじ1/2
- ご飯……茶碗軽く2杯分

作り方

1 豚肉は小さめに食べやすく切る。えのきは石づきを除いて3等分に切る。しめじは石づきを除いてほぐす。

2 鍋にだし汁を煮立て、豚肉を入れて煮てアクをとり、Aを加える。きのこも入れて1分煮たら、ご飯を入れて2分ほど煮て、のりをちぎって散らす。

野菜の甘みと香りにカレー粉がマッチ

ジャンバラヤ風炒めご飯

超時短 約10Min

材料(2人分)

- **鶏もも肉 …… 1/2枚(100～120g)**
- トマト …… 中1個
- 玉ねぎ …… 1/2個
- サラダ油 …… 大さじ1
- A［顆粒スープの素・カレー粉・塩 …… 各小さじ1/2
- 温かいご飯 …… 茶碗2杯分
- 塩 …… 少々

作り方

1. 鶏肉は小さめのひと口大に切る。トマト、玉ねぎは1cm角に切る。
2. フライパンに油を熱し、玉ねぎを炒め、鶏肉も入れて色が変わるまで炒めたら、ふたをして2～3分蒸し焼きにする。**A**を加えて炒め、トマトを入れて1分ほど炒める。ご飯を入れて炒め合わせ、塩で味を調える。

食材を切ってチンするだけで即完成！

レンチンスープカレー

時短 約15Min

材料(2～3人分)

- **鶏もも肉 …… 小1枚(約250g)**
- トマト …… 中1個(約150g)
- キャベツの葉 …… 大2枚(約150g)
- 水 …… 2/3カップ
- カレー粉 …… 大さじ2/3
- トマトケチャップ・ウスターソース …… 各小さじ1
- 塩 …… 小さじ1/2
- おろしにんにく(チューブ) …… 5～6cm分
- 温かいご飯 …… 茶碗2杯分

作り方

1. 鶏肉とトマトは大きめのひと口大に切る。キャベツはざく切りにする。
2. 耐熱ボウルにご飯以外のすべての材料を入れて混ぜ、ラップをふんわりとかけて、電子レンジ(600W)で8分加熱する。とり出して、全体を混ぜる。器に盛り、ご飯を添える。

鶏肉もにんじんバターライスもチン！でOK

簡単カオマンガイ

超時短 約10Min

材料（2人分）

鶏むね肉……………**1枚（約250g）**
にんじんのすりおろし……大さじ3
バター・酒……………各大さじ1
塩………………………………少々
温かいご飯……………茶碗2杯分
●**たれ**
玉ねぎのみじん切り
……………………………大さじ2
ポン酢しょうゆ……1/3カップ
みそ……………………小さじ1

作り方

1 鶏肉は耐熱容器に入れて酒、塩を回しかけ、ラップをふんわりとかけて、電子レンジ（600W）で3分加熱する。ラップをしたまま冷まし、そぎ切りにする。

2 耐熱ボウルにご飯とバターを入れ、ラップをふんわりとかけて、電子レンジ（600W）で30〜40秒加熱する。にんじんのすりおろしを加え、よく混ぜ合わせて、器に盛る。1をのせて、混ぜ合わせたたれをかける。

具材ごとご飯と炒めて煮るからコクUP

鶏とエリンギのリゾット

超時短 約10Min

材料（2人分）

鶏もも肉……**大1/2枚（約150g）**
にんじん…………………中1/4本
エリンギ…………………中1本
オリーブオイル………大さじ1/2
塩・こしょう……………各少々
A［水…………………………1カップ
　 顆粒スープの素……小さじ1/2
B［粉チーズ………………大さじ2
　 塩………………………小さじ1/3
粗びき黒こしょう……………少々
温かいご飯……茶碗軽く2杯分

作り方

1 鶏肉は小さめに切り、塩、こしょうをまぶす。にんじんは短かめのせん切りにし、エリンギは小さめに切る。

2 フライパンにオリーブオイルを熱し、鶏肉とエリンギ、にんじんを炒め、ご飯を加えて炒め合わせる。

3 Aを入れ、弱めの中火で3〜4分、ときどき混ぜながら煮て、Bを加える。器に盛り、黒こしょうをふる。

ケチャップカレー味の肉そぼろが絶品！

簡単タコライス

超時短 約10Min

材料（2人分）

	合いびき肉	**200g**
	トマト	中½個
	玉ねぎ	¼個
	キャベツの葉	大1枚
	プロセスチーズ（5㎜厚さ）	2枚
	サラダ油	大さじ1
A	トマトケチャップ・中濃ソース	各大さじ2
A	カレー粉	小さじ½
A	塩	小さじ⅓
A	こしょう	少々
	温かいご飯	茶碗2杯分

作り方

1 キャベツはせん切りにし、トマト、チーズは1.5㎝角に切る。玉ねぎはみじん切りにする。

2 フライパンに油を熱して玉ねぎを1分炒め、ひき肉を入れてほぐしすぎずにざっくりと炒める。ふたをして1～2分、蒸し焼きにし、Aを順次入れて炒め合わせる。

3 器にご飯を盛り、2をのせてトマトとチーズを散らし、キャベツをところどころにのせる。

たんぱく質も野菜もとれる。お弁当にも！

3色そぼろ丼

時短 約15Min

材料（2人分）

	鶏ひき肉	**150g**
	卵	2個
	ブロッコリー	⅓株
A	砂糖	小さじ1
A	塩	少々
B	水	⅓カップ
B	しょうゆ	大さじ1と⅔
B	砂糖	大さじ1と½
B	みりん	大さじ1
	温かいご飯	丼軽く2杯分

作り方

1 卵はよく溶いてAを入れて混ぜる。小鍋を少し熱してすぐに流し入れ、菜箸で手早く混ぜ、いり卵を作ってとり出す。

2 空いた鍋をきれいにしてBを入れ、煮立ったらひき肉を入れる。汁けがなくなるまで、菜箸で混ぜながら煮る。

3 ブロッコリーは粗く刻んで耐熱ボウルに入れ、ラップをふんわりとかけて電子レンジ（600W）で2分30秒加熱し、水けをきる。

4 丼にご飯を盛り、1、2、3をのせる。

バターが香るチキンライスにふんわり卵

オムライス

時短 約15Min

材料(2人分)

卵……**2個**
鶏むね肉……150～160g
玉ねぎ……1/2個
バター……大さじ1
サラダ油……大さじ1
A［トマトケチャップ……大さじ4
　 塩・こしょう……少々
トマトケチャップ……適量
温かいご飯……茶碗軽く2杯分

作り方

1 鶏肉は1.5㎝角に切る。玉ねぎは粗みじん切りにする。卵は溶いておく。

2 フライパンにバターを熱し、玉ねぎをしんなりするまで炒め、鶏肉を入れて炒める。肉の色が変わってきたら、ふたをして弱火で2分蒸し焼きにする。**A**を順次加えて混ぜ、ご飯を加えて炒め合わせ、皿に等分に盛る。

3 空いたフライパンをきれいにして、油の半量を入れて熱し、**1**の卵液の半量を流し入れて広げる。ふんわりとしたら、**2**の上にかぶせる。残りも同様に作る。トマトケチャップをかける。

白だしでうま味をプラス

えのき卵チャーハン

超時短 約10Min

材料(2人分)

卵……**2個**
えのき……1袋
サラダ油……大さじ1/2
ごま油……小さじ1
白だし……大さじ1と1/2
塩・こしょう・白いりごま……各少々
温かいご飯……茶碗2杯分

作り方

1 えのきは石づきを除いて2㎝幅に切る。卵は溶いて、塩、こしょうを入れて混ぜる。

2 フライパンに油を熱し、**1**の卵液を一気に流し入れて手早く混ぜ、ふんわりしたらすぐにとり出す。

3 空いたフライパンをきれいにしてごま油を熱し、えのきを炒め、白だしを入れて混ぜる。ご飯を加えて炒め、**2**を戻し入れて混ぜ合わせ、塩少々で味を調え、ごまをふる。

たっぷり野菜で食べごたえあり！

簡単タンメン

超時短 約10Min

材料（2人分）

豚バラ薄切り肉……**150g**
にんじん……中1/3本
キャベツの葉……大2枚
もやし……1/3袋
サラダ油……小さじ1
塩……小さじ1/3
こしょう……少々
A
- 水……3カップ
- 酒……大さじ1/2
- 顆粒鶏がらスープの素・ごま油……各小さじ1
- 塩……小さじ1/2

中華麺……2玉

作り方

1 豚肉は3㎝幅に切る。にんじんは薄い短冊切り、キャベツはざく切りにする。湯（分量外）を沸かし、中華麺をゆで始める。

2 フライパンに油を熱して豚肉を炒め、色が変わってきたらにんじん、キャベツ、もやしを入れて炒め、塩、こしょうをふって混ぜる。

3 ゆで上がった麺の湯をきって丼に入れ、空いた鍋にAを入れて煮立て、丼に注ぐ。麺に2をのせる。

カレールゥなしでも、すぐおいしい！

簡単カレーうどん

超時短 約10Min

材料（2人分）

豚バラ薄切り肉……**150g**
玉ねぎ……1/4個
しめじ……1/2パック
サラダ油……小さじ1
薄力粉……大さじ1
だし汁……3カップ
A
- しょうゆ……大さじ1
- カレー粉……小さじ2
- 塩……小さじ2/3

冷凍うどん……2玉

作り方

1 豚肉は3㎝幅に切る。しめじは石づきを除いてほぐす。玉ねぎは薄切りにする。

2 フライパンに油を熱し、中火で玉ねぎをサッと炒めて薄力粉をふり入れ、粉っぽさがなくなるまで炒める。だし汁、A、うどん（凍ったまま）、豚肉、しめじを入れ、ふたをして4分ほど煮る。

麺といっしょにお肉と野菜も蒸すから早い!

お好み焼き味の焼きそば

時短 約15Min

材料(2人分)

豚こま切れ肉……150g
キャベツの葉……大3枚
しめじ……1/2パック
A[水……1/2カップ
顆粒和風だし……小さじ1/3]
中濃ソース(または焼きそばソース)……大さじ2〜2と1/2
中華蒸し麺……2玉
紅しょうが・青のり(あれば)……各少々

作り方

1 豚肉は食べやすく切る。しめじは石づきを除いてほぐす。キャベツは3cm角のざく切りにする。

2 フライパンの中央に麺を入れ、豚肉を麺の周りに置き、キャベツとしめじを均等にのせる。Aを入れ、ふたをして強めの中火にかけ、煮立ったら弱めの中火にする。途中で2度ほど混ぜながら、4〜5分蒸す。

3 ふたをとり、火を少し強めてソースを入れ、1〜2分、大きく混ぜながら炒める。皿に盛り、あれば紅しょうがと青のりをふる。

豚肉+トマト+キムチの好相性トリオで!

トマトキムチ焼きそば

超時短 約10Min

材料(2人分)

豚バラ薄切り肉……100g
トマト……中1個
キムチ……100g
ごま油……大さじ1/2
A[水……1/2カップ
顆粒鶏がらスープの素……小さじ1/2]
B[しょうゆ……大さじ1
塩……小さじ1/4〜1/3]
中華蒸し麺……2玉

作り方

1 豚肉は3cm幅に切る。キムチは大きければ食べやすく切る。トマトはひと口大の乱切りにする。

2 フライパンに麺、豚肉、Aを入れて中火にかけ、ふたをして3分、蒸し煮にする。

3 キムチとトマトを入れて炒め、全体がしんなりしたらBを加えて炒め、ごま油をふって混ぜる。

具材と麺をいっしょに加熱。時短パスタ

鶏塩レモンのワンパンパスタ

時短 約15Min

材料（2人分）

鶏もも肉……小1枚（約200g）
キャベツの葉……大2枚
オリーブオイル……大さじ1
水……1と$\frac{2}{3}$カップ
A
- レモン汁……大さじ3
- オリーブオイル……大さじ2
- おろしにんにく（チューブ）……5〜6cm分
- 塩……小さじ$\frac{2}{3}$

粗びき黒こしょう……少々
スパゲッティ（1.4mm／5分ゆでタイプ）……160g

作り方

1 鶏肉は食べやすく切る。キャベツは小さめのざく切りにする。Aは混ぜ合わせる。

2 フライパンに油を中火で熱し、鶏肉を炒める。色が変わってきたらスパゲッティを半分に折って入れ、水を入れる。煮立ったらふたをして、弱めの中火で5分煮る（途中で1〜2度混ぜ、3〜4分経ったときにキャベツを加える）。

3 ふたをとり、火を少し強くして水分を飛ばし、Aを回し入れて手早く炒める。器に盛り、黒こしょうをふる。

時間があれば、たれを冷やしてもおいしい！

鶏トマトだれぶっかけそうめん

時短 約15Min

材料（4人分）

鶏もも肉……大$\frac{1}{2}$枚（約150g）
トマト……中1個（約150g）
ごま油……大さじ$\frac{1}{2}$
めんつゆ（3倍濃縮）……大さじ2と$\frac{1}{2}$
白すりごま……大さじ1〜1と$\frac{1}{2}$
そうめん……3束

作り方

1 トマトは小さめに切る。鶏肉は1.5cm角に切る。

2 耐熱ボウルに1を入れ、めんつゆも入れて軽く混ぜ、ラップをふんわりとかける。電子レンジ（600W）で5分加熱し、ごま油とごまを入れて混ぜ、粗熱をとる。

3 そうめんは表示通りにゆでてざるにあげ、流水で洗って水けをしっかりきる。器に盛り、2をかける。

鶏肉とまいたけのだしが出たつゆが美味

鶏つゆそば

時短 約15Min

材料（2人分）

鶏もも肉 ……… 大1枚（約300g）
まいたけ ………………… 1/2パック
サラダ油 ………………… 大さじ1
A
- 水 ………………… 1カップ
- めんつゆ（3倍濃縮） ………………… 1/2カップ

刻みのり（あれば） ………… 少々
そば（乾麺） ………………… 2束

作り方

1 湯（分量外）を沸かし、そばは表示通りにゆで始める。鶏肉は1.5㎝角に切る。まいたけは小さめに切る。

2 鍋に油を中火で熱し、鶏肉を炒め、色が完全に変わったらまいたけを入れてサッと炒める。Aを加えて煮立て、アクをとり、弱火で3分煮て火を止め、冷まして器に注ぐ。

3 1のゆで上がったそばをざるにあげ、流水でよく洗い、水けをよくきる。器に盛ってあれば刻みのりをのせ、2のつゆをつけていただく。

塩&ごま油であっさり食べ飽きない味

うま塩焼きうどん

超時短 約10Min

材料（2人分）

鶏もも肉 …… 大2/3枚（約200g）
キャベツの葉 ……………… 大2枚
水 ………………… 1/3カップ
A
- ごま油 ………………… 大さじ2
- 顆粒鶏がらスープの素 ………………… 小さじ1
- 塩 ………………… 小さじ1/3

白いりごま ………………… 少々
冷凍うどん ………………… 2玉

作り方

1 鶏肉は小さめのひと口大に切る。キャベツは食べやすくざく切りにする。

2 フライパンの中央に凍ったままのうどんを置き、周りに鶏肉をのせてキャベツを均等にのせ、水を回し入れる。ふたをして弱めの中火で2〜3分、蒸し煮にする。

3 ふたをとり、水分が残っていたら軽く飛ばしながら炒め、Aを順次入れて混ぜる。皿に盛り、ごまをふる。

味つけはめんつゆとごま油だけ！

ひき肉納豆の混ぜあえうどん

超時短 約10Min

材料（2人分）

豚ひき肉……………………**100g**
玉ねぎ……………………1/2個
納豆……………………2パック
水……………………1/3カップ
めんつゆ（3倍濃縮）……大さじ2
ごま油……………………大さじ1/2
青のり（あれば）……………少々
冷凍うどん……………………2玉

作り方

1 ボウルに納豆、ごま油、めんつゆを入れて混ぜる。玉ねぎは薄切りにする。

2 フライパンに凍ったままのうどんを入れ、周りにひき肉をところどころに置き、水を入れてふたをし、弱めの中火で4～5分蒸し煮にする（3～4分経ったところで玉ねぎを入れる）。火を止めて1の納豆をたれごと入れ、手早くあえる。器に盛り、お好みで青のりをふる。

具材と麺をいっしょにゆでて、すぐ完成！

ワンパンミートソース

超時短 約10Min

材料（2人分）

合いびき肉……………………**200g**
玉ねぎ……………………1/2個
サラダ油……………………大さじ1/2
A
カットトマト缶…1/2缶（200g）
水……………………2カップ
顆粒スープの素………小さじ1
塩……………………少々
B
トマトケチャップ……大さじ2
中濃ソース……………大さじ1
砂糖・塩・こしょう……各少々
ドライパセリ（あれば）………少々
スパゲッティ（1.6㎜／7分ゆでタイプ）……………160g

作り方

1 玉ねぎは粗みじん切りにする。

2 フライパンに油を入れ、玉ねぎとひき肉を炒める。肉の色が完全に変わったらAを加え、スパゲッティを半分に折って入れ、ふたをして強めの中火にかける。煮立ったらほぐすように混ぜ、再びふたをして弱めの中火で7分加熱する（途中で1～2度混ぜる）。

3 ふたをとり、火を少し強くして水分を飛ばすように炒め、Bを入れて混ぜる。器に盛り、あればドライパセリをふる。

具材と塩昆布のうまみが麺にからんで！

鶏ときのこの和風ワンパンパスタ

超時短 約10Min

材料（2人分）

- **鶏ひき肉**……120g
- しめじ……1パック
- サラダ油……大さじ1/2
- 水……1と2/3カップ
- 塩昆布……10g
- しょうゆ……大さじ1/2
- スパゲッティ（1.4㎜／5分ゆでタイプ）……160g

作り方

1 しめじは石づきを除いてほぐす。

2 フライパンに油を熱し、ひき肉をほぐしすぎずにざっくりと炒めたら、水とスパゲッティを半分に折って入れ、しめじも入れてふたをし、火にかける。煮立ったらほぐすように混ぜ、弱めの中火で5分加熱する（途中で1～2度混ぜる）。ふたをとり少し火を強くして、塩昆布としょうゆを入れ、水分を飛ばすように混ぜる。

水切りした豆腐がカッテージチーズみたい

豆腐梅肉ワンパンパスタ

超時短 約10Min

材料（2人分）

- **鶏ひき肉**……100g
- 木綿豆腐……1/2丁
- 水……1と2/3カップ
- ごま油……大さじ1
- 梅干し（甘くないもの）……大2個
- めんつゆ（3倍濃縮）……大さじ2と1/2
- スパゲッティ（1.4㎜／5分ゆでタイプ）……160g

作り方

1 豆腐はキッチンペーパーで包んでしばらくおき、水けをきる。梅干しは種を除いて細かく刻む。

2 フライパンにごま油を入れ、ひき肉を中火で炒め、完全に色が変わったら、水とスパゲッティを半分に折って入れ、ふたをして強めの中火にかける。煮立ったらほぐすようにに混ぜ、再びふたをして弱めの中火で5分加熱する（途中で1～2度混ぜる）。

3 ふたをとり、火を少し強くして水分を飛ばすように混ぜる。豆腐を小さめにちぎりながら入れ、めんつゆ、梅干しを加えて混ぜる。

超簡単時短パスタ。卵黄でマイルドに

ワンパンペペロン

超時短 約10Min

材料（2人分）

- **卵黄**……………………**2個分**
- オリーブオイル………大さじ1と1/2
- にんにく……………………2片
- 赤唐辛子……………………2本
- 水………………1と2/3カップ
- 塩……………小さじ1/3〜1/2
- 粗びき黒こしょう……………少々
- スパゲッティ（1.4㎜／5分ゆでタイプ）………………160g

作り方

1 フライパンにオリーブオイルと粗みじん切りにしたにんにく、小口切りにした赤唐辛子を入れて弱火にかけ、2分ほど炒める。水とスパゲッティを半分に折って入れ、ふたをして強めの中火にかける。煮立ったらほぐすように混ぜ、再びふたをして弱めの中火で5分、加熱する（途中で1〜2度混ぜる）。

2 ふたをとり、火を強めの中火にし、水分を飛ばすように混ぜる。塩で味を調え、器に盛って卵黄をのせ、黒こしょうをふる。

お好みでしょうがやわさびを添えても

かまたまうどん

超時短 約10Min

材料（2人分）

- **卵黄**……………………**2個分**
- A［水……………………1/3カップ
- A［白だし………………大さじ2
- しょうゆ……………………小さじ1
- 白いりごま……………………少々
- 冷凍うどん……………………2玉

作り方

フライパンに凍ったままのうどんを入れ、Aも入れてふたをし、中火にかける。2〜3分蒸し煮にしてふたをとり、水分を飛ばすように混ぜて、しょうゆを入れて混ぜ、火を止める。器に盛り、卵黄をのせてごまをふる。

材料別さくいん（五十音順）

(主)＝主菜、(副)＝副菜、(汁)＝汁もの、(飯)＝ご飯もの、(麺)＝麺類

豚薄切り肉

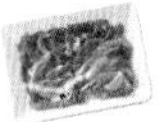

鶏肉

ひき肉

● 合いびき肉

● 鶏ひき肉

卵

● 生卵

● 固ゆで卵

トマト

ブロッコリー

じゃがいも

もやし

きのこ

その他

著者

武蔵裕子（むさしゆうこ）

料理研究家。双子の男子と両親の３世代の食事を切り盛りするなかで生まれた家庭料理が大人気。手早く簡単に作れるのに、おいしくて栄養たっぷりなレシピは、家事や育児、介護、仕事などで忙しい幅広い世代の人たちから支持されている。和食を基本とした、毎日の食事に負担のない時短かつ経済的なおかずは「繰り返し作って食べたい」と好評。雑誌・書籍などで活躍するほか、企業のメニュー開発も手がけ、多方面で活躍中。季節の食材を使ったシンプルおかずを紹介する自身のインスタグラムも人気上昇中。
https://www.instagram.com/musashiyuko116/

STAFF

撮影…千葉　充
スタイリング…宮沢ゆか
アートディレクション・デザイン…横地綾子（フレーズ）
イラスト…むらまつしおり
調理アシスタント…五十嵐朝子
構成・文…越智素子

超定番12食材でおいしさ無限250レシピ

2023年11月５日　初版発行

著　者	武　蔵　裕　子
発行者	富　永　靖　弘
印刷所	公和印刷株式会社

発行所　東京都台東区台東２丁目24　株式会社　新星出版社
〒110-0016　☎03(3831)0743

ISBN978-4-405-09448-2